KB272024

신발을 벗고
자연을 신다
○
찐프로 지음

맨발 걷기가
내게 알려준 것들

이담북스

작은 발걸음으로 시작된 변화

맨발 걷기는 내 삶을 송두리째 바꿔 놓았다. 처음엔 단지 무릎과 건강에 좋다는 이야기에 호기심이 생겨 시작했을 뿐이었다.

맨발 걷기를 처음 하던 날이 생각난다. 신발을 벗어 던진 그날, 진짜 세상과 연결되었다. 차가운 흙, 거친 돌멩이, 부드러운 풀잎을 발바닥으로 느끼며 걷다가 문득, 몸과 마음이 자연과 하나 되는 묘한 감각에 빠져들었다. 맨발로 걷는 동안 머릿속을 가득 채우던 시끄러운 잡념이 사라졌다. 자연의 리듬에 동화되며 진정한 휴식은 이런 것이구나 깨달았다. 심장이 두근거렸고 깊이 빠져들었다. 하루하루, 더해질수록 발바닥을 통해 전해지는 자연의 울림은 커져만 갔다. 나의 오감을 깨우고 내면 깊은 곳까지 연결되었다.

만성 피로와 무기력으로 뒤엉켜 있던 내 안의 불균형이 서서히 회복됐다. 스트레스를 다루는 방법과 태도가 달라졌다. 무릎과 종아리의 고질적인 통증이 완화되는 놀라운 경험은 단순한 이론 속 지식이 아니었다. 더 나아가, 숲에서 맨발이 되어 걷는다는 행위는 개인의 건강 증진을 넘어서는 것이었다. 그 이유는 내 안에 잠들어 있던 선한 마음을 일깨워 주었기 때문이었다. 맨발로 자연의 품에 안길 때마다 나를 넘어 우리를 생각하는 마음가짐이 피어났다. 그런 의미에서 나는 맨발 걷기가 자아실현을 향한 '징검다리'라고 생각한다. 한 걸음 한 걸음이 나를 새롭게 만들었고, 그 걸음들이 모여 나의 삶을 완전히 바꾸어 놓았다.

어느 날, 북한산을 다녀오는 길에 이런 의문이 들었다.
'왜? 같은 산을 오르는데, 사람들은 볼품없어 보이는 맨발이 된 나에게 한결같이 부럽다고 말하는 것일까?'
이 질문의 답은 단순히 맨발로 산을 오르는 행위만을 뜻하는 것이 아니었다.
'억압된 삶, 불안, 두려움에서 벗어나, 내 안에 감춰져 있던 용기를 되찾는 여정',
'자연과 교감하며 진정한 나를 마주한 경험'에 있었다.

이 책은 게으르고 나약했던 한 사람이 맨발 걷기에 빠져들면서

신체의 균형을 되찾고, 삶의 즐거움을 맞이하게 된 과정과 바람을
담고 있다.

독자 여러분이
대자연, 마더네이처(Mother Nature)가 늘 우리에게 베푸는 혜택을
온전히 느끼기를 원한다.
사라진 꿈과 자유를 되찾는 시작점이 되기를 바란다.

맨발이 되어 걷는 작은 발걸음 하나가 나를 바꿨다. 당연히 독자
여러분의 삶도 바꿀 수 있다. 이제, 다음 질문과 함께 그 놀라운 이야
기를 시작하려고 한다.

"지금, 우리의 두 발은 어디에 머물러 있는가?"

목차

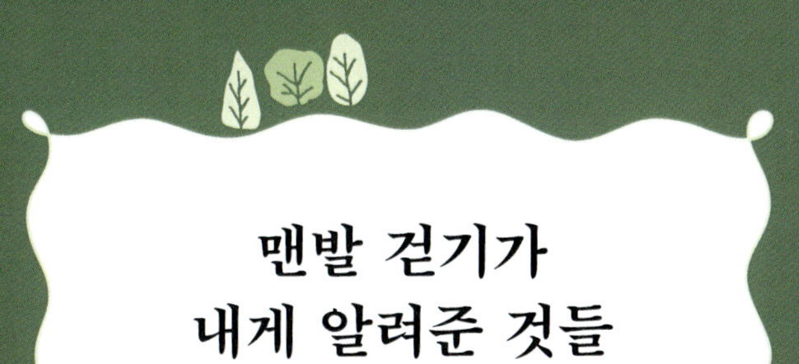

맨발 걷기가
내게 알려준 것들

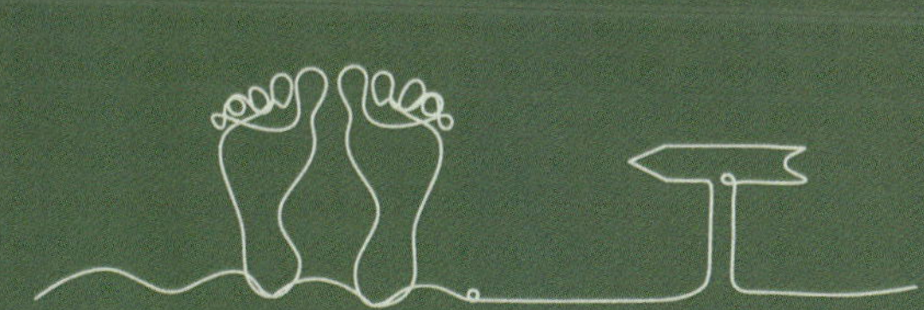

1

인생 전환점이 된, 단 한 번의 산책

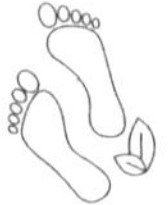

8년 전 어느 날 밤, 멘토로 여기며 따르던 형님에게서 전화가 왔다.

"너 요즘 배가 너무 많이 나왔더라. 허허허."

좀처럼 술을 마시지 않는 형님인데 발음이 꼬인 목소리가 낯설었다.

"어? 형님 웬일로 술을 다 드셨어요?"

"야구 동호회 회식에서 기분 좋게 한잔했다. 그런데 내가 말이다. 딱 네 나이일 때 운동을 시작했어. 그 덕분에 지금의 50을 잘 버티고 있지."

이때 나는 40대 중반이었다. 당시 주변 사람들에게 "뱃살 좀 빼셔야겠어요."라는 말을 하루에도 몇 번씩 들었다. 모임에서 건강 이야기가 나오면 내 배를 힐끔거리는 눈빛을 마주하곤 했다. 가까운 지인들과 만날 때도 수영이 좋다느니, 헬스가 좋다느니 운동에 관한 여러 이야기가 오갔지만 하도 듣다 보니 신물이 났다. 어느 날은 친한 형이 웃으며 내 배를 툭툭 치다가 "좀 빼야겠다."라고 해서 마음이 상했다. 지점장으로 승진한 지 얼마 되지 않아 힘겨웠고 내 속사정을 쉽게 이야기할 상대가 없어서 쓸쓸했다. 외로웠다. 그래서 더 지점장 모임이나 동종 업계 지인들에게 배 얘기는 그만하라고, 기분 나쁘다고 말할 수 없었다. 그랬다가 괜스레 소외될까 봐 두려웠다. 내 이야기를 조금이라도 들어주고 공감해 주는 사람이 절실히 필요했다.

그들은 나의 감정이나 입장을 생각지 않고 아무렇게나 툭툭 말을 뱉었지만, 멘토 형님은 단 한 번도 남들 앞에서 내 약점, 즉 배 이야기는 하지 않았다. 평소 술도 잘 마시지 않았다. 하지만 이날 형님은 많이 취해 있었고 그 와중에도 나를 위해 전화를 준 것이라서 약점을 언급해도 전혀 기분 나쁘게 들리지 않았다.

형님은 마치 내가 당장 운동을 시작하지 않으면 큰일이 날 것처럼 진중하게 말했다.

"꼭 운동 시작해라."

"네, 형님."

문득 내 배를 내려다봤다. 엄지발가락 끝이 살짝 보일 듯 말 듯했다. 나도 모르게 한숨이 나왔다.

'도대체 무슨 운동으로 이 뱃살을 쏙 뺀단 말인가?' 여러 생각이 들었고 막막했다. 형님과 통화를 마치고 돌아서는 순간 어린 딸이 나를 바라보고 있었다. 딸은 나와 눈이 마주치자 기다렸다는 듯 다가왔다. 5살, 작고 어린 손으로 간신히 내 배를 덮고 있던 티셔츠를 올렸다. 그러고선 내 배를 찰지게 탁탁 치면서 낭랑하게 말했다.

"아빠! 이제 뱃살 좀 빼야겠어."

딸의 표정과 말투가 귀여워서 번쩍 안아 올렸다. 퇴근하고 들어오면 쪼르륵 현관 앞까지 달려와서 아빠 넥타이도 풀어주려 하고 "아빠, 고생했어." 하는 눈빛으로 방긋방긋 웃어주는 아빠바라기인데 다섯 살 딸아이에게도 적잖이 심각해 보였구나. 나는 도대체 무슨 생각으로 살았던 것일까? 내 딸 건강하게 크도록 지켜줘야 하는데 이래서는 안 되겠구나 싶었다. 그날 멘토 형님의 전화, 사랑하는 딸아이의 눈빛이 움직여야겠다는 결심으로 나를 이끌었다.

생각해 보니 내 배가 커질수록 나는 더욱 소심해졌다. 그동안 나에게 불편한 눈빛을 보냈던 이들, 회피하고 싶은 말을 자꾸 꺼냈던 이들 모두 나를 비난했던 것이 아니라 진정 나를 걱정해서 그랬을 거라는 생각이 들었다. 그들에게 남의 입장은 생각하지 않고 말을 툭툭 뱉는다고 서운해할 것이 아니라 내가 달라지면 될 일이었다. 그렇게 생각하자 게으른 생활 습관으로 나온 배가 아니라, 내 삶의 태도가 부끄러웠다. 더 이상 나를 팽개쳐 두지 말자고 다짐했다.

다음 날 새벽 큰 용기를 냈고 조용히 밖으로 나갔다. 매일 거실 소파에 달라붙어 지내던 내가 새벽 운동을 하겠다고 밖으로 나간다는 건 굉장한 용기였다. 현관을 열고 나가자 시원한 공기가 가슴으로 훅 들어왔다. 집 밖으로 나왔을 뿐인데 잘했다는 생각이 들었다. 동네에는 물안개가 두껍게 깔려 있었고 보일 듯 말 듯 희미한 건널목 신호등이 느리게 깜박이고 있었다. 풍경은 고요한데 풀벌레 소리는 요란하게 강변을 가득 채웠다. 나는 차갑고 습한 공기를 마시며 강을 따라 걸었다. 얼마 안 있어 짙은 안개가 살짝 걷히는 듯했다. 하지만 다시 물안개가 밀려들어 사방이 뿌옇게 변했다. 시야가 좁아지고 답답했다. 안개가 마치 내 앞을 가로막는 벽처럼 느껴져서 잠시 멈춰 섰다.

그때였다. 시야 끝에 갑자기 작은 꼬마가 보였다. 분주히 발을 구르며 무언가를 준비하는 모습이었다. 나는 좀 더 자세히 보려고 다가갔다. 꼬마는 당찬 표정에 자신감이 넘쳐 보였다. 그 꼬마는 앞뒤를 번갈아 보다가 순간 쏜살같이 튀어 나갔다. 잠시 뒤 한 손을 뒤로 뻗었고, '탁' 하고 손바닥 위로 파란 바통을 받아 들고 바람처럼 내달렸다. 결승점을 통과한 꼬마는 친구들과 끌어안았다. 환호성이 들리는 듯했다. 그 꼬마는 다름 아닌 바로 나였다.

'시간 참 빠르다.' 달리기 좋아하던 그 아이, 400m 계주 마지막 주자였던 초등학교 4학년 그 아이는 어느새 자라서 전혀 다른 모습으로 서로를 마주했다. 나는 마치 아빠가 아들에게 말하는 듯 다정하게 인사했다.

"다시 만나서 반갑구나."

그러자 아이는 한발 다가와 '똘망똘망한' 눈으로 말했다.

"어디 갔다가 이제 온 거야? 한참을 기다렸잖아."

순간 무엇인지 모를 내 안의 것들이 뒤섞였다가 두 눈으로 솟구쳤다. 뜨거운 것이 한없이 두 볼을 타고 내렸다.

초등학교 때 나는 친구들과 학교 뒷동산에서 말뚝박기와 술래잡기를 하며 땀범벅이 될 때까지 뛰어놀기를 좋아했다. 해 넘어갈 즈음 엄마가 "이놈아, 저녁 먹어야지." 하며 쫓아와 소리치면 그제야 친구들과 아쉬움에 헤어지던 내 모습이 어제처럼 선명하게 보였고 가슴이 아렸다. 중고등학교 시절에도 운동을 좋아했고 대학교 때는 자전거로 전국 국토 순례를 할 만큼 활동적이었다. 하지만 대학 졸업할 즈음 집안 형편이 극히 어려워졌고 갑자기 내가 가족의 생계를 책임져야만 했기에 삶의 여유는 사라졌고, 점점 활동 반경도 줄었다. 매일 지쳐서 움직이려는 마음이 사그라드는 것을 느꼈지만, 생계를 위해서고 나만 그런 것이 아니니, 속상해 말라고 나를 다독였다. 다 잊고 힘내자며 나를 위로하려고 술을 벗 삼았다.

술이라는 친구와는 아주 편하고 쉽게 친해져서 일주일에 서너 번은 만났다. 주말에는 한 주 동안 고생한 나를 위한다며 야식과 반주로 파티를 열었다. 먹고 마시며 술에 취하면 세상 부러운 것이 없었다. 건강을 위해 운동해야 하는 것은 나도 잘 알지만, 머릿속 나는 늘 핑계를 댔다. '종일 힘들게 일했는데 뭘 움직여, 그냥 누워서 쉬자.' 거실 소파에 누우면 세상 편했다. 아이들이 다가와서 함께 놀자고 해도 다음으로 미뤘다. 미안한 마음도 있었지만 누워 있으면 만사가 귀찮았다. 배 둘레가 커질수록 술 마시는 양도, 횟수도 늘었다. 폭음이 잦았다. 역류성 식도염도 생겼다. 과식으로 자다가 토한 적도 있었다. 다음 날 아침이면 여지없이 속이 거북했고 잠이 부족해서 머리도 무거웠다. 늘 후회했다가도 저녁 무렵이면 두 손에 먹을 것을 잔뜩 사 들고 들어와 TV를 보며 히죽대고 취하고를 반복했다.

장남으로서, 두 아이의 아빠로서 누구보다도 성실하게 열심히 살았다고 자부했지만, 그 일상의 실체는 게으름과 나태함이었기에 창피했다. 하루하루 힘겨운 날들을 버텨가며 내 꿈마저 접고 살았는데 난 왜 이 모양인가 후회스러웠다. 눈물이 쉽게 멈추지 않았다. 그 자리에 서서 한참 동안 하늘을 바라볼 수밖에 없었다. 속 시원히 울고 나자 강바람이 얼굴을 쓰다듬어 주었다. 어쩌면 오늘 이후 나는 조금씩 나의 본모습을 찾을 수 있을지 모른다는 생각이 들었다. 모처럼 어깨가 가벼워진 듯했다.

'이런 상쾌함을 느껴본 것이 도대체 언제였지?'

묵직하게 짓누르던 어깨의 짐을 잠시 내려놓은 것처럼 마음이 가벼웠다. 조심스럽게 걸음을 떼다가 용기를 내 뛰어봤다. 마음은 가벼운데, 허리둘레 36인치를 넘어선 묵직한 몸뚱이는 갑자기 달리기에는 버거웠다. 균형을 잃은 두 발은 서로 엉키며 중심을 잡지 못했다. 거친 숨을 몰아쉬며 결국 금방 멈출 수밖에 없었다. 뱃가죽이 빨개지고 간질거렸다. 뛰는 법을 잊은 것 같았다. 하지만 거친 숨이 잦아들며, 이마 위로 흐르는 땀만큼은 싫지 않았다. 아침에 눈을 뜨면 그날의 땀방울과 벅찬 숨결을 다시 느껴보고 싶었다. 그렇게 변화는 시작됐다. 이른 아침 강변을 향해 나서는 날이 늘어갔다. 나태했던 나의 과거를 양파껍질 벗기듯(눈물은 나겠지만) 하나하나 벗겨낼 수 있을 거라는 자신이 생겼다. 제대로 달리고 싶어졌다. 가끔 초등학교 4학년 계주 마지막 주자였던 어린 나의 모습이 생각나면 강변을 달린다. 이제는 눈물 대신 환한 미소로 인사를 보낸다.

'내 안에 잠든 어린 나를 깨워줘서 고마워.'

  맨발 걷기가 내게 알려준 것들

» 달리기 마치고 강변에서 찍었던 사진

2

달고나 맛 러너스 하이(Runner's high)

처음으로 내 손목 위 스마트워치가 10km, 50분이라는 신호음을 냈다. 멘토 형님과 어린 딸이 준 메시지가 나를 움직이게 한 지 딱 반년 만이었다. 거친 숨결 너머로 내 안의 열정이 간질대듯 꿈틀거렸다. 달리며 점점 기분이 좋아지고 자연스럽게 대학교 때 육체적으로 가장 힘들었을 때가 생각났다. 자전거동아리에 참가해 전국 국토 순례에 나섰다. 각자 20kg이 넘는 배낭을 둘러메고 노숙도 해가며 며칠째 한여름 태양 아래 대지를 달렸다. 늦은 밤 시골길 비포장 도로를 동기들과 걸으며 하늘을 바라봤다. 머리 위로 지금껏 보았던 것보다 더 많은 별빛이 가득했다. 친구 어머니가 차려주신 토종닭 백숙에 웃음꽃이 가득했던 밤. 대문 옆 외양간 황소도 "음머" 하며 함께 웃어주던 날이 새록새록 떠오른다. 우리는 함께 달리고 또 달렸다. 서서히 지쳐갈 무렵 정말 피하고 싶었던 육십령고개 앞에 도착했다. 차들도 힘겹게 기어오르던 그 길. 가파르고 구불구불 이어진 고갯길이 끝도 없이 이어졌다. 난 죽을힘을 다해 페달을 밟았다. 너무 지쳐 자전거에서 내려서 걷고 싶었지만, 그것은 포기를 의미했다. 두 발을 자전거 페달 위에 둔 채 한 손으로 난간을 붙잡고 쉬고 있을 때였다. 급경사를 오르느라 묵직한 굉음을 내던 버스가 나를 지나쳤다. 그때 버스 안 승객들과 눈이 마주쳤다. 그들은 처음 본 나를 위해 엄지를 세워가며 응원을 보냈다. 뒤따르던 차 창문이 내려갔고 "힘내요. 파이팅!" 하는 소리가 들렸다. 내가 시선을 돌려 그쪽으로 보았을 때 그 목소리의 주인공과 눈이 마주쳤다. 감사의 의미로 고개를 끄덕였고 다시 페달 밟을 힘이 생겼다. 육십령고개, 그 끝도 없는 경사를 포기하지 않고 오를 수 있었고 정상에 도착하자 온몸이 짜릿했다. 그때 그 사람들이 보내준 따뜻한 응원 덕분이었다. 그 당시엔 러너스 하이가 무엇인지조차 몰랐다. 하지만 달리기를 마친 이 순간 다시 그날의 힘찬 나로 돌아간 듯했다. 달리기가 사람에게 얼마나 큰 에너지를 되찾아 주는지 처음 경험했던 순간이었다.

며칠 뒤 아침 달리기를 마치고 전신 거울 앞에서 나를 똑바로 바라봤다. 내 모습이 조금은 괜찮아 보였다. 꾸준히 달렸다는 것만으로도 내 삶이 조금은 더 나은 방향으로 가고 있다고 느껴졌다. 그 꾸준함의 원동력에는 러너스 하이가 있었고 그 매력을 느껴본 사람들은 말했다.

"신나게 달리며 밀려드는 짜릿함."

"황홀감에 도취된 상태."

"이렇게 살아 있어서 행복하고 감사해."

"세상 모두와 연결된 것 같아." 등등 다양했다.

러너스 하이(Runner's high)는 장시간의 유산소 운동 이후에 느껴지는 긍정적이고 황홀한 심리적 상태를 말한다. 뇌에서 엔도르핀 같은 신경전달물질이 분비되면서 발생하며, 통증 완화, 스트레스 감소, 기분 고양, 몰입감 등의 효과를 낸다.

러너스 하이는 일반적으로 체력의 한계를 넘어 지속해서 운동을 수행할 때 나타난다. 이는 단순한 운동의 기쁨을 넘어, 일종의 명상적이고 초월적인 경험으로 여겨지기도 한다.

나의 첫 번째 러너스 하이는 마치 달고나 같았다. 뜨거운 불에 설탕을 녹이다가 베이킹소다를 넣으면 하얗게 거품처럼 부풀어 오른다. 휘휘 젓다 보면 내 마음도 점점 달뜨다가 침이 고인다. 딱딱하게 굳은 겉면을 살짝 깨물면 바삭하면서도 부드러운 조각이 혀에 닿는 순간 사르르 녹아내린다. 은은한 쓴맛과 고소함이 더해진 강렬한 단맛이 입안 가득 퍼진다. 내 첫 번째 러너스 하이는 바로 달고나 맛이었다. 나는 단번에 매료되고 말았다. 두 번째 느꼈을 때는 '저기, 지나가는 낯선 사람과 반갑게 인사하면 그도 나를 반갑게 대할 것이다.' 같은 열린 마음이었다. 세 번째는 '와, 이 멋진 세상에 살아 있어 얼마나 행복한가.'라고 소리치고 싶었다. 러너스 하이는 성취감과는 조금 달랐다. 행복한 감정과 그 느낌이 지속되는 상태였다. 또다시 영접(?)하고 싶어서 달리고 또 달렸다.

그 기분을 다시 느끼기 위해 꾸준히 달리는 사람이 되었다. 달리기를 시작하고 5년이 흘렀을 무렵 오랜만에 선후배들을 만났다. 그중 한 명이 최근 달리기를 시작했다고 수줍은 표정으로 말했다. 나는 너무 반가워 서로 주먹을 맞대며 환하게 웃었다. 어느새 우리 둘은 오랜 친구처럼 신나게 달리기 이야기를 주고받았다. 후배는 '러닝크루' 일원으로 함께 뛰고 배우며 달린다고 했다. 나는 늘 혼자 뛰었기에 함께 뛰는 사람들을 보면 부럽기도 했다. 그래서 후배에게 정말 잘했다고 칭찬을 한가득 해주었다. 후배도 내 격려에 더욱 신난 표정이었다. 선배는 달리기를 오랫동안 했냐는 질문에 "5년 차 러너다."라고 했더니 흠칫 놀란 표정이었다. 좀 더 이야기를 나누다 보니 후배가 나처럼 꾸준히 달리기를 바라는 마음이 커졌다. 빨리 가려면 혼자 가고, 멀리 가려면 함께 가라는 말처럼 후배가 자신이 속한 러닝크루들과 함께 뛰며 달리기를 더 좋아하게 되기를 바랐다. 힘들 때면 기댈 수 있는 평생 친구처럼 달리기가 기쁨으로 충만하고 부상 없이 잘 뛰었으면 싶었다. 그 러너의 길에서 신비의 묘약처럼 나타나 위로를 주고 가는 러너스 하이가 있었다. 나는 순간 궁금해

저서 후배에게 러너스 하이를 느껴보았냐고 물었다. 아직 못 느껴봤다고 머뭇거리며 말하는 후배에게 '나는 느껴봤지롱.' 하는 얄미운 표정(후배는 분명 그렇게 느껴졌을 것이다.)으로 그분(러너스 하이)을 영접하는 방법을 전수해 줬다.

"네가 만약 처음 5km를 뛰고 러너스 하이를 느꼈다면, 너의 능력치의 80%인 4km를 더한 거리인 9km 지점에 다다른 순간, 그분(러너스 하이)이 너를 찾아와 잠시 시간이 멈춘 듯 붕 뜬 기분이 들 것이야. 그 기분은 진한 여운처럼 오래 지속되고 아주 황홀하지."

후배의 두 눈이 초롱초롱 빛났다.

"저도 그 기분 느껴보고 싶어요! 선배."

난 사악한 마녀가 두 눈을 가늘게 뜨며 경고하듯이 말했다.

"단! 주의할 것이 있어. 달리는 거리를 계단식으로 서서히 늘려야만 해. 그렇지 않으면 9km를 뛰기도 전에 부상이라는 독사에 물리게 될 거야. 그러면 뱀독이 서서히 온몸에 퍼지고 커지는 고통에 괴로워하다가 어느 순간 달리기의 기쁨도 사라지게 되지."

후배의 눈동자가 커졌고 미간에 주름이 갔다. 내가 겪은 고통을 곱씹으며 자세히 말해 주려다 후배가 너무 기죽을 것 같아서 참았다. 나는 5년 차 러너의 자부심과 애정을 듬뿍 담아 부상 없이 잘 달리는 비법도 전해 주었다. 열변을 토하다가 가만히 생각해 보니 웃겼다. 뒤룩뒤룩 살찐 동네 아저씨가 소파 위에서 꿈틀대던 내 모습이 떠올랐기 때문이었다. 달리기에 관한 요령을 후배에게 전하는 내가 자랑스럽기까지 했다. 가끔 소식 전하자고 인사하고 헤어졌던 그 날, 그 거리에서 격세지감이란 말을 실감했다. 제발 남이 하는 달리 기를 따라 하다가 과거의 나처럼 부상으로 멈추지 않기를 기원했다.

몇 달이 지난 뒤, 후배가 여전히 달리기는 잘하고 있을까 궁금해서 전화를 걸었다.

"어이구~ 후배님, 요즘 잘 뛰고 있나?"

후배는 잠시 머뭇거리다가 말했다.

"그게 선배, 발목도 안 좋고 무릎이 아파서요."

'하아' 깊은 한숨이 나왔다. 후배 녀석도 결국 그때 나처럼 독사에 물렸구나. 후배의 부상 소식을 접하고 도와주고 싶은 마음에 물었다. 후배도 부상에서 벗어나 다시 달리고 싶다고 했다.

"나도 부상 때문에 달리기를 멈춘 적이 있었어. 참 답답했었다. 어쨌든 이제 나는 부상 없이 달린다. 그러니까 잠깐 나 좀 보자. 서울 어디 산다고 했지?"

"불광동이요. 오실 수 있어요?"

"좋은 동네 사네. 아름다운 북한산이 코앞이네. 부럽다. 아참, 난 고향이 서울이야."

나는 네가 독사에게 물렸고 해독제를 줄 테니 술을 사라고 했다. 후배는 알아들었다는 듯 좋다고 했다. 이 녀석도 달리지 못해 답답 했던 것 같았다. 참 묘한 인연이라고 생각했다.

　내가 러너스 하이를 통해 얻은 것은 강렬한 성취감과 기쁨만이 아니었다. 그 안에서 살아 있다는 느낌은 더없이 특별했다. 달리기라는 여정을 통해 내 삶도 점차 나아졌다. 절대 빠져나올 수 없을 것만 같았던 게으름과 무기력에서 벗어난 짜릿한 경험이었다. 내 삶에 새로운 활력을 불어넣어 주었다. 그 기회를 후배도 잃지 않기를 바라며 다음 날 나는 불광동으로 향했다.

3

독사에게 물린 러너들

　후배는 달리기를 멈췄다. '아차 싶었다.' 크루들과 함께 뛰며 달리기 교육도 받는다고 했기에 별문제가 없으려니 했다. 내가 분명 주의하라고 했건만 후배가 뛸 수 없다고 하니 안타까웠다. 전화기 너머로 후배의 때늦은 후회와 한숨 소리를 듣고 있으려니 속상했다. 나도 마치 독사에게 물려 서서히 온몸에 독이 퍼지는 것처럼 달리기가 두려웠던 때가 있었다. 내게는 뱀독 중에서도 천천히 퍼져 조직 세포를 파괴하는 혈액독이 퍼졌었다. 근육 세포를 공격해서 극심한 고통을 유발하는 근육독까지 잘 섞어서 맞은 것 같았다. 1년 넘게 부상으로 허덕여 봤기에 뛰고 싶어도 뛸 수 없는 그 마음을 너무 잘 알아 다독여 주고 싶었다. 아팠던 몸은 강제 휴식과 병원 치료로 좋아졌지만, 심리적 부담감은 내 마음 한구석에 들어앉아 똬리를 틀었다. 출발선에 서면 부상이라는 놈이 검은 혀를 날름거리다가 독니를 바짝 세우고 달려드는 것 같아 머뭇거렸다. '뛰다가 또 다치면 어떻게 하지?' 뛰다가 다리에 조금이라도 이상한 느낌이 오면 희열은 어느새 식어버리고 멈춰야만 했다. 부상의 두려움이 날로 커졌다. 내 인생은 계속 달리며 살아갈 것이라는 믿음도 흔들렸다. 러너라는 자부심도 사라지고 있었다.

나처럼 이 녀석도 물렀구나. 후배도 나와 같은 이유로 뛰기를 멈췄을까. 달리기도 중독성이 있었다. 러너스 하이의 달콤함을 맛본 뒤에 나는 엉뚱한 곳을 바라봤다. 러너 3년 차에 주객이 전도되고 말았다. 더 오래 달리면 더 큰 황홀감이 지속될 거라는 판단에서 거리에 대한 집착이 생겼다. 잘못돼 가고 있었는데 깨닫지 못했다. 매달 150km 이상을 무조건 달린다는 목표를 세웠다. 달릴 때마다 러너스 하이가 찾아와 반겨줄 것이라고 착각했다. 맹목적인 추종으로 바보가 됐다. 다른 러너의 달리기를 무작정 따라 했다. 몸이 피곤해도 달려야 한다며 고집을 부렸다. '어떤 러너는 한 달에 300km 이상 뛰었다잖아. 봐라, 어떤 러너는 매일 쉬지 않고 1년간 1,800km 이상을 달렸다는데 문제없잖아.' 하며 더 힘차게 오래 달려야만 한다고 나를 설득했다. 내가 본 러너들은 목적이 분명했고 사전 준비도 철저했지만 난 아니었다. 오래 멀리 뛸 수 있다는 것을 러너의 기본 자질이라 생각하고 마구 날뛰었다. 한겨울 새벽 눈길에도 내가 세운 엉뚱한 목표를 향해 무조건 뛰었다. 그래서 4개월 동안 600km를 달

 맨발 걷기가 내게 알려준 것들

렸다. 결국 봄이 오기도 전에 병원 침대에 누워서 '더 이상 달리기를 못할 수도 있겠다.'라고 생각했다. 그런데 놀랍게도 나를 치료해 준 의사는 오랜 세월 달리기를 즐겨온 마라토너였다. 나는 태어나서 처음으로 치료받다가 '나 지금 혼나고 있는 건가?', '세상 무지한 러너가 하나 있는데 그게 바로 나다.' 뭐 그런 느낌을 받았다. 혼나도 싸다 싸. 잘 달리려면 잘 쉬어야 한다는 것을 그때 알았다. 창피했다.

병원 치료 이후 부상 없이 잘 달리는 방법을 배우려고 했다지만, 사실은 창피해서 달리기를 공부했다. 출근하면 아침에 뛰고 나왔다고 동료들에게 은근히 자랑질을 하던 나였다. '체력이 좋아졌다', '뱃살 빼는 방법에는 달리기가 최고다', '안 해봤으면 말을 마.' 이런 식의 거만한 태도를 보였다. 실상 나는 아파서 병원에서 물리치료 받으며 의사 선생님에게 혼나고 있었는데도 말이다. 서슴없이 달리기를 추천하던 내 모습이 떠올라 얼굴이 화끈거렸다. 무리하지 않고 즐겁게 운동해야지만 오랫동안 할 수 있다는 것을 분명히 알고 있었다. 하지만 달리면 거리 욕심에서 벗어나지 못하고 전력을 다해서 뛰었다. 후배에게도 달리기할 때 체력의 80%만 쓰라고 충고했던 나였다.

후배에게 출발한다고 카톡을 보냈다. 불광동은 어릴 때 TV 코미디 프로그램에서 들어본 '불광동 휘발유'라는 건달 별명이 다였다.

도착한 불광동은 나지막한 건물과 고층 건물, 재래시장이 함께 있어 정감이 넘치는 동네였다. 처음 방문한 동네였지만 어색함은 어느새 사라지고 건물 사이로 보이는 북한산 족두리봉이 눈에 들어왔다. 건물에 가려진 모습이 마치 넓은 화폭의 일부분만을 보는 듯했다. 함께 족두리봉을 오르기로 했기에 불광초교 앞에서 후배를 만났다. 달리기만이 러너스 하이를 느끼는 유일한 방법은 아니라는 것을 말해 주고 싶었다. 부상으로 달리기는 어려우니 등산도 좋은 대안이 될 수 있다는 것을 알려주고 싶었다. 함께 족두리봉을 오르다 헉헉대던 후배가 말했다.

"선배, 여기 언제 와봤어요? 저보다 길을 더 잘 아시는데요."

"아, 네가 불광동 산다고 해서 어제 인터넷을 좀 뒤져봤지."

해발 고도 370m의 그리 높지 않은 봉우리지만 정상에서 내려다보는 도심의 모습이 너무 멋지다고 말해 주었다. 한 걸음 한 걸음 고도를 높일수록 시야가 넓어졌다. 계속 오르다가 한 번 뒤돌아보고 "좋다." 또 힘차게 오르다가 뒤돌아보고 "너무 좋은데, 선배." 그렇게 우리는 1시간 만에 족두리봉 정상에 섰다. 사진으로 봤을 때보다, 더 멋들어진 경치에 나 역시 감탄에 감탄을 더했다.

"후배야, 난 네가 정말 부럽다. 이렇게 가성비 좋은 산이 집 앞에 있다니 말이야."

분주하게 사진과 영상을 찍던 후배가 내 뒤로 웅장하게 펼쳐진 북한산을 가리키며 말했다.

   맨발 걷기가 내게 알려준 것들

"선배, 저기 봉우리 이름 알아요?"

"아니. 나도 처음이라 몰러유."

후배는 깊고 깊은 낭떠러지가 보이는 족두리봉 제일 높은 곳에 올라서 떨리는 목소리로 말했다.

"선배, 고마워요. 다음에 저기 한번 가봅시다."

시선을 따라가 보니 굽이굽이 이어진 북한산 능선과 봉우리들이 위엄이 넘치고 장대했다. 순간 가슴 벅찬 희열이 차올랐다. 그때 후배가 말했다.

» 족두리봉 정상에서 비봉능선을 바라본 풍경. 향로봉, 비봉, 승가봉, 문수봉으로 이어진다.

"선배, 이곳에서 저 아래 세상을 보니 참 평온해지네요. 앞으로 내 앞에 펼쳐질 모든 일이 다 잘될 것 같아요."

"그래. 그게 바로 러너스 하이(Runner's high)야."

시원한 바람이 이마에 송골송골 맺힌 땀을 식혀주었다.

달리기는 참 힘든 운동이다. 하지만 난 오늘도 달린다. 나에게 있어서 달리기의 목적은 행복한 러너가 되는 것이다. 물론 가끔 '러너스 하이'가 불쑥 찾아와 주니 더 좋다.

4

내가 처음 맨발로 걷던 날

무릎이 아팠다. 나는 왜 달리기만 하면 무릎이 아플까? 그런데도 나는 멈추지 않았다. 매달 150km 이상을 달렸다. 매일 5km를 뛴 셈이다. 뛰지 않는 날이 있을 땐 다음번 달리기에서 거리를 채웠다. 그때부터 무릎뿐만 아니라 허벅지, 허리까지 돌아가며 아팠고 결국 병원 치료도 받았다. 거리에 대한 욕심을 내려놓고 달리기 횟수도 줄이며 충분히 휴식을 취했지만, 무릎 통증은 여전했다. 달리고 싶어도 달리지 못하게 되자 답답했다.

'대체 왜?' 끊임없이 생각했다. 발과 인체 구조, 달리기 등등 관련 책들을 파봤다. 많은 책에서 무릎 통증 원인이 운동화 쿠션(밑창 두께)과 관련 있을 수 있다는 연구 결과가 나왔다. 그러던 어느 날 마라토너이자 정형외과 의사가 집필한 '달리기의 모든 것(남혁우 저)'에서 쿠션이 많은 신발을 신고 빠르게 달리면 몸에 충격이 더 많이 가해지고, 무게 중심을 유지하기 위해 하체가 더 뻣뻣하게 돼 충격도 증가한다는 글을 봤다.

과거 마라톤 선수의 러닝화 밑창이 얇았던 것과 달리 요즈음 러닝화 밑창 쿠션이 점점 두꺼워지는 것도 생각났다. 쿠션이 두꺼우면 그만큼 충격이 덜 전해질 거라는 나의 기존 생각과 정반대 의견이라서 눈길이 갔다.

또 다른 책 '맨발, 달리기가 즐거워진다(켄 밥 색스턴, 로이 M. 월렉 저)'에서 본 '달리기로 인한 부상은 운동화가 원인일 수 있다.'라는 문장도 머리에서 계속 맴돌았다. 한 번도 달리기로 인한 부상 원인을 운동화 때문이라고 생각해 본 적이 없었다. 책의 저자 켄 밥 색스턴은 신발을 신고 달린 풀코스 마라톤(45km)에서 5시간이 걸렸고, 경기 후 2주간 발 통증을 겪었지만, 10년 후 맨발로 참가한 산길 마라톤에서는 4시간 34분 만에 완주했고, 회복도 훨씬 빨랐다고 했다. 이 경험을 통해 그는 부상 원인이 운동화에 있을 수 있다고 주장했다.

정말 충격이었다. 한편으로 나의 고민인 무릎 걱정을 해결할 단서를 발견한 것 같아 기뻤다. '어쩌면 나도 운동화 때문에 무릎 통증이 나아지지 않는 것이 아닐까?' 하지만 여전히 미심쩍었다. '정말 맨발로 걷고 달려도 문제가 없을까?' 하지만 마라톤을 하고도 회복이 빠르다면 무엇을 망설이겠는가. 이제 직접 해보는 수밖에.

 맨발 걷기가 내게 알려준 것들

그러려면 맨발 걷기에 적합한 장소를 찾는 것이 우선이었다. 맨발은 신발을 벗고 직접 땅을 딛는 것인데 아스팔트나 인공적인 트랙 위에서 시도하고 싶지는 않았다. 딱딱한 도로는 충격이 그대로 발에 전달될 것 같았고 내 발이 직접 흙과 자연을 느낄 기회조차 주지 않을 것이라는 생각 때문이었다. 그러다 문득 자주 오르던 동네 작은 뒷산이 생각났다. 정상 높이는 175m 정도로 높지 않고, 주차장에서 300m 정도 가파른 고개 하나를 넘으면 1km 정도 평지 같은 능선 길이 펼쳐지는 곳이었다. 무엇보다 이 길은 평소에도 남녀노소 동네 사람들이 자주 찾는 길이라 부담 없이 시도해 볼 수 있을 것 같았다. 하지만 막상 맨발 걷기를 하러 산에 와보니, 익숙했던 장소가 낯설게 느껴져 바짝 겁이 났다. 주차장 흙바닥에 발을 내려놓기까지 오만가지 생각이 들었다. 발을 다치면 어쩌나, 나뭇가지에 찔리면 어쩌나, 흙에 미끄러지면 어쩌나, 걱정이 태산 같았다. 도착한 지 20분이 지나서야 바르르 떨리던 다리를 펴고 첫발을 땅에 댔다. 그런데 웬걸? '오, 괜찮은데? 시원한데!' 이날은 날씨마저 화창했다. '맨발이 정말 무릎에 도움이 될까? 굳이 이렇게까지 해야 하는 걸까?' 하던 의구심은 첫 발걸음과 함께 사라졌다. 다만 여전히 겁이 나서 밴드와 물티슈, 등산화를 손에 들고 있었지만, 서서히 마음을 가다듬으며 산을 향해 걸음을 내디뎠다.

평소 트레킹화를 신고 걸을 때는 등산로 바닥을 그다지 신경 쓰지 않았다. 맨발이 되고 보니 바닥에 놓인 작은 돌부터 잔가지와 마른 솔잎 하나하나까지도 나를 다치게 하는 것은 아닐까 걱정이 가득했다. 이런 심리적인 부담감에 어찌나 온몸에 힘이 들어가던지 어깨는 웅크려지고, 몸은 새우등처럼 구부정해졌다. 등을 펴고 똑바로 설 수가 없었다. 발바닥을 간지럽게 할 것처럼 보이던 작은 돌가루도 의외로 강한 자극을 주었다. 발바닥 전체적으로 차갑고 뾰족한 감각이 올라왔지만, 땅의 세세한 결을 느낄 수 있어 묘하게 집중됐다. 좀 더 큰 자갈과 단단한 돌들을 발바닥으로 누르며 지나갈 때는 발끝에서 몸 전체로 전해지는 투박함이 자연의 힘처럼 묵직하게 느껴졌다. 발바닥으로 마주하는 이 고된 감각은 오히려 자연과 더 깊이 연결되는 듯 '짜릿하면서도 찌릿하게' 다가왔다. 반면 발바닥을 스치는 차가운 흙과 바삭한 낙엽, 그리고 가는 솔잎은 양탄자의 부드러운 결처럼 아늑한 감각으로 스며들었다. 마치 대지와 내가 하나가 된 듯한 다양한 감각들이 발바닥을 통해 머리끝까지 밀려들었다. 땅과 내가 하나로 연결된 느낌이었다.

맨발 걷기 경험이 처음이어서 그런 걸까? 주차장을 출발한 지 10분밖에 지나지 않았는데도 마치 십 리 길은 걸어온 것 같았다. 산길의 다양한 촉감이 한 걸음 걸을 때마다 발바닥을 통해 머리 전체로 쏟아져 들어왔다. 나는 마치 멀티태스킹이 불가능했던 80년대 MS-DOS 컴퓨터 같았다. 한 발 내딛고 '이 찌르는 느낌은 뭐지?', 또 한 발 내딛고 '이 부드러움은 뭐지?' 하며 버벅대며 걸었다. 발걸음이 자꾸 더뎌졌지만, 그 모든 감각이 신선하고 흥미로워서 지루할 틈이 없었다. 하지만 여전히 떨쳐버리지 못한 발바닥 상처에 대한 불안감과 지형에 따른 다양한 자극이 계속 겹치면서 서서히 등에서 식은땀도 났다. 시선은 발끝에서 벗어나지 못했고 구부정한 몸을 펴려고 잠시 멈췄다.

인기척에 고개를 들어보니 맨발의 두 여성이 자연스럽게 내려오는 것이 보였다. 나는 등줄기로 식은땀이 흐를 만큼 어색하고 불편한데 두 사람은 편안해 보였다. 더 놀라웠던 것은 잠시 뒤 한 여성이 맨발로 콩콩콩 내려오는 모습이었다. '저게 가능하다고?' 순간 '맨발 달리기가 즐거워진다'라는 책에서 본 여성 러너의 모습이 떠올랐다. 맨발의 그녀는 고개를 똑바로 들고 15m 전방을 바라보며 허리를 곧추세우고 밝은 미소로 뛰고 있었다. 사진 속의 그녀는 완벽한 자세의 맨발 러너였다. 그녀가 맨발로 뛰던 길 역시 이곳 등산로처럼 작은 돌과 나뭇가지들이 깔려 있었다. 사진을 보고도 믿기 어려웠고 '에이, 조작 아냐?'라는 생각도 했었다. 그런데 내가 맨발 걷기를 시작한 첫날부터 평지도 아닌 산에서 맨발로 걷고 뛰는 사람들을 두 눈으로 직접 봤다. 딴 세상에 온 것 같아 어리둥절했다. 그뿐만이 아니었다. 조금 더 오르자 평지 같은 능선 길이 나왔고 더 많은 이들이 웃고 떠들며 편안하게 맨발로 걷는 모습을 볼 수 있었다. '맨발 세상이네.' 그때부터 내 마음도 조금씩 편안해졌다. 평지 능선 구간에서 천천히 걸으며 혼란스러운 마음도 가라앉았고 잔뜩 기분이 좋아졌다. 내 두 발을 내려다봤다. 신발에 갇혀 이처럼 다양하고 새로운 감각을 전혀 느껴볼 수 없었던 내 발에 미안해졌다. 신발로 인해 내 발이 자연과 단절돼 있었다. 내 몸은 여태껏 느껴보지 못한 새로운 감각에 서서히 눈을 뜨고 있었다.

그런데 작은 위기가 찾아왔다. 1km쯤 걸었을 때 갑자기 발바닥에 뜨끔한 자극이 확 밀려들었다. 분명히 따가운 것은 아닌데, 아픈 것도 아닌데, 이 자극은 무엇일까. 심장박동이 치솟고 식은땀이 이마를 타고 흘렀다. 스트레스 때문인가? 이대로 멈추고 돌아가야 하나? 이 불편한 느낌을 어떻게 해결할 수 있을까? 한 발에 체중을 오래 싣지 않고 자주 발을 바꿔 체중을 분산시키면 발바닥의 불편함이 줄어들지도 모른다는 생각이 들었다. 예상은 적중했다. 발을 가볍게 번갈아 가며 살짝 뛰었다가 천천히 걷기를 반복하면서 정신없이 정상에 도착했다. 주차장에서 뒷산 정상까지 1.7km를 맨발로 걸었다. 평소 신발 신고 15분이면 뛰어올랐던 길인데 45분이나 걸렸다. 발바닥이 따갑고 얼얼했지만, 때로는 부드러웠던 그 모든 감각을 받아들였다. 이 모든 촉감을 받아준 내 발이 신통했다.

그날 밤, 발바닥이 계속 신호를 보냈다. 아프지는 않지만 약간 찌릿한 느낌이었다. 아주 새로운 감각에 눈을 뜨는 과정이라고 생각했

   맨발 걷기가 내게 알려준 것들

다. 그날 이후 동네 뒷산을 오르고 또 오르기 시작했다. 등산로 평지 구간이 나오면 가볍게 뛰었다. 매일매일 가고 싶었고 퇴근 후에도 찾아가 걷고 뛰다 보니 점점 속도가 붙었다. 어느 날은 너무 열심히 뛰다가 발바닥 앞축이 뜨거워져서 묵직하고 욱신거렸다. 계속 아팠으면 다시는 못 했겠지만, 몇 번 불편했을 뿐 부상은 아니었다. 그게 다였다. 맨발 걷기를 처음 한 날 이래로 거의 매일 맨발로 걷고 달렸다. 그때마다 숲이 전해 주는 느낌이 달랐다. 단 하루도 같은 날이 없었다. 비가 오면 비가 와서 좋았다. 눈이 와도, 빙판길이어도 걷고 뛰고 싶었다. 오감이 깨어나면서 '색다른 즐거움'에 눈을 떴다. 단순히 열정만 가지고는 할 수 없는 것이었다. 어느 날부터 동네 뒷산이 작게 느껴졌고 더 멀리 더 높이 맨발로 오르고 싶었다. 신발을 신고 달리거나 산을 오를 때와는 전혀 다른 강렬한 열정이 피어났다. 불타오른다는 말을 떠올리며 맨발 걷기, 맨발 등산에 몰두했다.

5

양평 용문산 다섯 봉우리
– 맨발 등산은 마음 챙김 그 이상의 것

명상이라고 하면 처음에는 '있는 그대로 받아들이는 상태'라고 생각했다. 이는 현재 순간을 판단 없이 관찰하고 수용하는 태도를 말한다. 나처럼 마음 챙김(Mindfulness)을 연습하는 사람에게 중요한 출발점이다. 양평 용문산 다섯 봉우리를 오르고 되돌아오는 길에 명상에 대한 내 생각이 맞는지 알 수 있으리라 생각했었다. 그런데 9시간이 넘게 걸린 맨발 등산을 통해서 마음 챙김 그 이상의 것이 있음을 깨달았다.

하루 5개 봉우리를 넘기 위해 시작점 용문산 자연휴양림 들머리 앞에 섰다. 오전 11시. 다녀와야 할 거리에 비해 꽤 늦은 출발이었다. 첫 번째 관문은 백운봉(해발 고도 940m, 순 상승고도 700m)을 올라야한다. 양평 용문산 주봉인 가섭봉까지 갔다가 이곳으로 되돌아오려면 최소 10시간은 걸릴 것이다. '그걸 아는 놈이 덤벙대고 라이트를안 챙겼다고?' 출발 한참 뒤에 이를 깨달은 나를 혼내며 오르고 있었다. 잠시 뒤 '당신의 삶에 명상이 필요할 때'의 저자 앤디 퍼디컴이 전해 준 이야기가 떠올랐다. 그의 말에 따르면 명상이라는 것은,마음을 통제하려 애쓰지 않고, 한 걸음 물러나 수동적으로 주위에집중하는 법을 익히는 것이다. 동시에 마음을 자연스러운 알아차림의 상태로 두는 과정이라고도 했다.

맨발 등산을 시작하면서 마음을 통제하려고 하면 할수록 출렁거렸다. 이유는 끊임없이 찾아드는 몇 가지 생각 때문이었다. 지금까지 경험상 맨발 등산 최장 거리다. 작년에 등산화를 신고 다녀와 봐서 아는 그 험난한 코스를 맨발로 걷는다. 내가 완전히 지쳤을 때, 처음 넘었던 백운봉 정상을 또다시 올라 3km 수직 하산해야 한다. 그리고 라이트 불빛도 삼킬 만큼 어두운 하산길을 혼자 걸어야 한다. 심지어 작년에 두 번째 봉우리 근처에서 본 굵은 뱀까지 떠올랐다. 백운봉은 들머리부터 정상까지 계속 오르는 길이다. 정상까지 400m는 매우 경사가 심한 암릉 구간이다.

경치 감상하며 느긋할 시간이 없었다. 백운봉 정상까지 1시간 40분 만에 올랐다. 백운봉 정상에는 하얀 조팝나무가 가득했고, 두둥실 뭉게구름과 잘 어울렸다. 파란 하늘과 푸르른 잎새가 초여름 바람결에 실려와 향기로움을 더했다. 아무도 없는 정상의 고요함은 자연 그대로의 모습이었다. 첫 번째 봉우리 백운봉에서 '한 걸음 물러나 보니', 저 멀리 굽이굽이 흘러가는 남한강 고요한 물줄기가 보였다. 조급하게 찰랑대던 생각이 차분해졌다. 발밑으로 바람 소리만 가득했고 양평군 전체가 한눈에 들어왔다. '두 번째 봉우리 암봉 전망대에서 멋들어진 백운봉의 뒤태를 보겠구나. 가자, 일단 가자, 후회는 없다.'(속으로는 '아닐걸?' 하는 마음도 있었지만. 하하) 마음을 다잡기 위해 멀기만 한 용문산 주봉 가섭봉(1,157m)을 바라봤다. 앞으로의 난관을 예고하듯 첫 번째 봉우리를 넘자마자 '어쩜 이렇게 밑으로 내려가냐?' 싶었다.

'수동적으로 받아들일 수밖에 없었다.' 5월이지만 산을 오를수록 여름에 성큼 가까워졌음을 느꼈다. 한참을 내려왔다가 두 번째 봉우리(암봉)를 향해 다시 오르려니 땀이 끊임없이 흘렀다. 거친 호흡을 하다가 문득 든 생각이 '오감이 열린다는 것이 이런 것일까?' 산새 울음, 바람결이 나뭇잎을 흔들고 어느새 내 뺨을 스쳤다. 암릉의 차갑고 거친 표면, 흙길의 촉촉함, 뒹구는 돌멩이 하나하나가 발바닥을 찌를 때마다 그냥 받아들일 수밖에 없었다. 오르고 오르다 또다시 훅 떨어지는 내리막길은 맨발이라 더 주위에 집중할 수밖에. 등산로 바닥에 드리워졌던 복사열이 느긋하게 등을 타고 가슴에 차올

 맨발 걷기가 내게 알려준 것들

랐을 때 온몸의 짠맛이 느껴졌다. 바람결에 식었던 체온은 찰나일 뿐, 땀이 뚝뚝 떨어졌다. 고스란히 끌어안아야 했고 생각이 무뎌졌다.

두 번째 봉우리 암봉에 올라섰다. 남한강 물줄기가 백운봉의 양 어깨를 휘감아 돌아 반짝이는 비단결 같았다. 마치 백운봉이 한 손에 부채를 들고 긴 도포 자락 휘날리며 덩실덩실 '한량무(舞)'를 추는 것 같았다. 가끔 떠오르던 이 모습을 내가 그리워하고 있었구나. '온전히 마음이 열리는 순간'이었다. 평온함은 잠시 머물다 떠나고, 앞으로 가야 할 길을 바라보니 마음이 또 출렁거렸다. '이제 겨우 두 봉우리 넘었다.' 중얼대며 걷다가 뒤돌아보니 백운봉은 아득히, 암봉은 저 멀리 멀어졌다. 사진도 찍고, '경치 좋~다!'도 외쳐봤지만 남는 것은 위아래로 뱀처럼 구불구불한 등산로가 전부였다. 걷는 길이 책 속에서 같은 줄을 계속 반복해서 읽는 듯 지루해졌고 졸음이 왔다. 지금 내가 필요한 것이 무엇일까? 계속 걷는 것, 아니면 쉬는 것?

'내가 틀릴 수도 있습니다'의 저자 '비욘 나티코 린데블라드' 말이 생각났다. '살면서 자기 자신에게 몰입하고 관심을 기울이는 시간이 얼마나 되나? 어색하고 두려운 마음을 뒤로하고 시작해 본 적은요? 호흡은 그 자체로도 의미가 있으니 주의를 기울여 보아요.'

'자연스러운 알아차림의 상태' 숨이 넘어갈 듯 거친 호흡이 잦아들면서 눕고 싶었다. '아, 몸이 지쳤구나. 그럼 쉬어야지.' 이정표 앞

누군가 급조한 돌의자에 앉아 붉은 방울토마토를 먹었다. 아무런 맛도 안 느껴졌다. 뾰족하게 찌르던 돌길에서 처음으로 두 다리를 쭉 펴봤다. 잠시 뒤 세 번째 봉우리 함왕봉과는 빠른 이별을 했다.

'내가 할 수 있는 것은 그냥 걷는 것뿐이야. 여기는 중간 탈출도 힘들어.'

그렇게 또 걸었다.

네 번째 장군봉. 넓은 목재 덱 쉼터에는 아무도 없었다. 그리고 드러누웠다. '오늘의 목표 달성, 기록 중요하지. 하지만 이 과정 안에서 온몸으로 느끼고, 나를 인정하고 있는 그대로 받아들여 보자.' 대자로 누워 하늘을 보며 저 하늘만큼 탁 트인 마음으로 살고 싶어졌다.

드디어 용문산 주봉 가섭봉 정상에 올라서자 감격이 잠시 스쳐갔다. 지극히 현실적인 문제가 더 크게 다가왔다. 지금까지 4시간 40분이 걸렸다. 돌아가려면 5시간 이상 소요될 것이 뻔했다. 정말 긍정적으로 생각하려고 노력했다.

'이제 돌아가기만 하면 된다. 너무 걱정 말아. 하하.'

오후 4시가 됐다. 몇 안 남은 산객들도 하산하기 분주했다. 나는 그저 다른 산객들보다 조금 더 걷기만 하면 된다고 의연한 척했다. 역순으로 네 번째, 세 번째 봉우리들을 다시 넘다가 오롯이 용문산과 나만 남았을 때 거절하기 힘든 갈등이 찾아왔다. 이정표에서 처음 보는 이름들이 마치 탈출구처럼 보였다. 빨리 벗어나고 싶은 유혹은 일렁이는 파도처럼 밀려들었다.

　'잠시 멈추고 생각했다.' 오늘 내가 걸어온 길이, 내가 제일 잘 아는 길이다. 준비 없이 바꾸는 것은 위험하다. 다행히 잘 참았고 잠시 뒤 갈등이 파도에 쓸려가듯 사라졌다. 그 생각으로 꾸역꾸역 걸었다. 백운봉 600m 이정표 앞. 순간 '저 백운봉을 어찌 또 넘어갈꼬', 그 생각만 가득했다. 점점 나락으로 꺼지는 듯 무거운 몸뚱이가 느껴졌다. 그때였다. "까~악" 비명이 들렸다. 고라니였다. 아휴, 깜짝이야. 놀라서 겁쟁이가 된 나는 또 다른 유혹에 흔들렸다. '백운봉 넘지 말고 형제우물길로 가. 작년에 지나가 봐서 알지? 저 힘든 봉우리 넘지 말고 옆으로 둘러서 가. 조심하면 되잖아.' 유혹은 달콤하게 속삭였다. 물론 백운봉을 넘지 않고 갈 수 있지만, 그 길은 너무 위험한 길이었다. 1년 내내 음지라서 습하고 바윗길은 미끄러웠다. 인적이 드물어 등산로에 낙엽이 수북했다. 한 발 헛디디면, 지름길이 아닌 골짜기로 떨어지는 나락의 길이었다. 고개를 젓다가 백운봉을 보고 있자니 오전에 보았던 환상적인 백운봉의 뒷모습이 떠올랐다. 그 안에 내가 있었다. 여기까지 무사히 온 것만으로도 감사한 마음이 들었다. 마지막 남은 물 한 모금을 마시며 잠시 쉬었다. 온몸에 남은 기운은 내뱉는 숨이 전부였다. 모든 생각이 멈추었을 때, 나는 다시 오를 수 있었다.

다시 돌아온 마지막 봉우리 백운봉 정상에 섰다. 오후 6시 40분. 해가 질 무렵 도착했기에 늦지 않았다. 빨리 내려가려고 서두르지 않았다. 뒤돌아 걸어온 길을 보니, 용문산 정상 가섭봉 뒤로 해가 넘어갔고 붉은 기운만이 남아 있었다. '곧 검은 어둠이 내려앉겠구나.' 어둠을 뚫고 내려가야 하는데 라이트도 놓고 오다니. 또 나를 혼내고 싶었다. 하지만 이제 겨우(?) 3km만 급하강하면 될 뿐이라 참았다. 이 넓은 곳에 아무도 없다는 것은 소름 돋는 일이었다. 아주 살짝 무서웠다. 다시 한번 오감이 열렸다. 특히 귀가 번쩍 깨어났다. 시야는 어둠을 따라서 점점 약해졌고 손에 든 스마트폰 라이트 불빛도 어둠에 먹혔다. 불과 1m 남짓 스마트폰 불빛이 닿는 거리만큼이 보이는 전부였다. 백운봉 정상부 어둠 속 고요함에 소름이 일었다면 내려갈수록 숲에서 '부스럭', '후드득'거리는 소리는 내 신경을 날카롭게 했다. '나무 사이에서 뭐라도 튀어나오는 것 아냐?'라는 불안감마저 일으켰다. 이제 배고픔도 사라졌고 따뜻한 순댓국에 소주 한잔 생각도 사라진 지 오래였다. 빨리 내려가 발과 무릎을 찬물에 담그고 싶다는 생각만 남았다. '끝까지 맨발로 갈 거야.' 오기만 남았다. 드디어 주차장 불빛이 희미하게 보였다. 인근 얕은 계곡에서 고생한 발을 보기 위해 라이트를 비춰봤다. 세상에, 이렇게 '꼬질꼬질'한 발은 태어나 처음이었다. 고마운 마음으로 발과 무릎을 씻어주니 '와, 살겠다.' 더 바랄 것이 없다. 일상에서 내가 얼마나 많은 것을 누리고 사는지 온통 감사한 마음이 밀려들었다. 콧노래를 흥얼거리며 주

 맨발 걷기가 내게 알려준 것들

차장을 향했다. 15.7km 9시간 27분, 2만 1,011 걸음, 누적 상승 고도 1,782m. 이번 맨발 산행도 잘 끝났다. 이 여정 속에서 '내가 틀릴 수도 있습니다'의 저자 비욘 나티코 린데블라드가 해준 말이 생각났다. '우리가 원하는 것을 항상 가질 수는 없지만, 필요한 것은 항상 가질 수 있다.'

명상에 관해서 최근 새롭게 알게 된 사실이 있다. "생각을 내 마음대로 중단할 수 있는 단계"로 명상의 더 깊은 경지라고 했다. 이는 마음의 흐름을 통제하고, 생각의 소용돌이에서 벗어나 고요한 상태를 유지하는 것을 의미했다. 꾸준한 훈련과 집중력을 요구하며, 전통적인 명상에서 종종 목표로 삼는 상태라고도 했다.

내가 양평 용문산 다섯 봉우리를 맨발로 걷고 명상에 대해 깨달은 바는 이렇다. '있는 그대로 받아들이는 것' 또는 '생각을 중단하는 단계'로 구분해서 접근하기보다 현재 나에게 필요한 방식이 무엇인가 생각하고 공감이 가는 것을 향하자. 명상의 목적을 단순히 무엇인가를 성취하는 것으로 여기지 말자. 그 과정에서 나 자신과 연결되는 것이 핵심이다. 내가 그 길을 걸으며 그랬던 것처럼.

6

치악산

- 네가 살려야겠다

회사 구내식당에서 늦은 점심을 먹으려고 하는데, 낯선 아르바이트 학생이 내 앞에 앉았다. 예의 바르게 인사하고 먹는 모습에 녀석이 무척 잘생겨 보였다. 나를 자주 봤다며 친근감 있게 대하는 태도가 고마웠다. "라면에는 밥이지." 했더니 "밥은 잘 안 먹어요."라는 대답이 돌아왔다. 아들 같은 마음에 건강 이야기를 하려다가 꾹 참았다. 다행히 집에 계시는 할머니가 골고루 챙겨주신다고 걱정하지 말라는 표정으로 말했다. '그래 다행이다. 할머니가 챙겨주시는 밥이 건강이다.' 라면 한 그릇에 비라도 맞은 듯 머리부터 얼굴까지 폭삭 땀에 젖은 학생이 말했다.

"요즘 너무 더워서 밖에서는 일 못 하겠어요."

학생은 첫 아르바이트를 건설 현장에서 시작했다고 말했다. 같이 일하는 분들이 너무 잘해줘서 계속 일했는데 열사병으로 쓰러지는 사람을 보고 나서는 더는 못 하겠더라고 했다. 다행히 주변 사람들이 빠른 대처를 해 큰 사고로 이어지지 않았다고 말했다.

"아이고, 놀랐겠다. 고생 많았네~. 내가 어릴 적에는 30도만 넘어도 불볕더위라고 9시 뉴스에 나오고 그랬는데, 이제 한낮에 40도를 넘나드니 큰일이다."

숲을 살려야 한다는 내 말에 학생도 동의하듯 끄덕였다. 점점 뜨거워지는 지구를 생각하니 이제 19살인 이 친구가 무슨 잘못이 있나, 지금까지 과소비하며 살아온 내 잘못이 크다는 생각에 미안한 마음이 들었다.

숲에서 맨발로 걸으며 많은 혜택을 받은 사람이 나였다. 그래서 신발에 관해 'ChatGPT'에게 물었다.

"2023년 기준 전 세계 신발 생산량은 약 239억 켤레로 코로나19 팬데믹 영향을 받았던 시기를 지나며 다시 성장세를 보이고 있습니다. 아시아 지역이 전체 생산량의 상당 부분을 차지하고 있으며, 평균적으로 전 세계 인구 1인당 약 3켤레의 신발이 생산되고 있습니다. 2023년 세계 인구는 약 80억 명에 달했습니다. 신발 한 켤레, 특히 가죽 신발을 만드는 데에는 약 8,000에서 1만 2,000리터의 물이 소요될 수 있습니다. 가죽의 가공 및 제조 과정에서 다량의 물을 사용하기 때문입니다. 가죽이 아닌 소재로 만든 신발도 제조 과정에서 많은 양의 물을 사용하게 됩니다.”

난 일반 신발을 제외하고도 등산화 10켤레, 러닝화도 7켤레나 가지고 있었다. 80억 인구 중에 평생 단 한 켤레의 신발도 갖지 못하는 사람이 많다. 난 너무 많이 가지고 있다는 생각이 들었다. 더구나 신발 한 켤레 만드는 데 엄청난 물을 사용한다는 것에 충격을 받았다.

당시 나는 기후 불안증(기후 우울증)이라고 할 만큼 지구 온난화에 민감했다. 산에 올라 숲이 잘리고 민둥산이 된 모습을 보면 가슴이 아팠다.

인류의 욕심으로 미래세대가 받을 고통을 생각하니 가슴이 답답했다. 내가 기후 온난화 저지를 위해 할 수 있는 일은 무엇일까? 기후 관련 최신 기사와 책을 찾아 읽기도 했다. 아파하는 지구의 모습

» 잘려나간 나무를 보면 깊은 한숨이 나와요.

 맨발 걷기가 내게 알려준 것들

을 보다가 먹먹해져 편두통이 오기도 했었다. 발등에 불이 떨어졌는데 아무리 고민해 봐도 내가 해야 할 일이 안 보였기 때문이었다. 일상에서 고민이 있을 때 숲으로 가서 맨발로 산을 오르곤 했다. 시작 전 고민을 떠올려 보고 등산을 마칠 때면 해결책이 스치곤 했다. 그래서 치악산을 맨발로 오르며 기후 온난화 저지를 위한 나의 역할을 묻기로 했다.

이제 7월 초인데 된더위가 예보됐다. 치악산을 갈지 말지 살짝 망설여졌다. 그런데 지난여름 경험했던 치악산 계곡 길이 생각났다. '이보다 더 좋은 피서지는 없지.'라고 했던 말이 떠올랐다. 다만 이번에는 시원한 계곡 길로 왕복하지 않기로 했다. 메마른 능선 사다리병창길로 올랐다가 촉촉한 계곡 길로 내려오기로 했다. 후끈 달아오른 몸을 냉탕에 식히듯 여름 산행의 참맛도 느껴보고 싶었다. 치악산 주차장에 도착했을 때 폭염 예보 때문인지 시원한 계곡을 찾는 방문객이 많았다. 치악산 하면 끝도 없이 나오는 계단 때문에 사다리병창길이 유명하다. 그렇게 시작된 맨발 산행에서 이내 바짝 말라가기 시작했다. 잠시 뒤 혈액의 90%, 심장의 80%, 근육, 뇌, 장의 75% 정도가 물이라고 했던 책 속의 문장이 생각났다. 가지고 온 물의 절반 이상을 이미 마신 뒤였지만 내 몸은 마치 건조기 속에서 빙빙 돌며 모든 수분이 사라지는 느낌이 들었다. 맨발은 나 혼자였지만, 마주친 등산객 모두 땀 범벅에 지쳐가는 얼굴이었다. 구룡사 주차장에서 딱 2시간 만에 해발 고도 1,288m 비로봉 정상에 도착했다. 치악산 다람쥐가 맨발에 더 관심이 많다는 듯 내 발을 만지고 사라졌을 뿐 아무도 없었다.

휴식을 마치고 반대편 계곡 길로 내려가다가 치악산 첫눈의 추억이 나를 더 걷고 싶게 만들었다. 내 인생 최고의 '눈꽃산행'을 선물 받던 날이 떠올랐다. 송이송이 하얀 눈송이가 여윈 나뭇가지에 내려앉으며 눈꽃을 만들었다. 메마른 나무에 새 생명을 불어넣고 있었다.

» 상고대 천지

　맨발 걷기가 내게 알려준 것들

치악산 첫눈과 상고대를 오롯이 혼자 받았던, 그날은 바람조차 숨을 죽였고 포근하고 따뜻했다. 내 하얀 입김이 눈앞에 펼쳐진 순백의 세상과 맞닿으며 하나가 되었다. 보들보들 하얀 파우더 가루를 뒤집어쓴 행복한 날이었다. '그래, 반대편 끝, 입석사까지 내려갔다가 다시 올라오자. 그곳에서 기원 공양도 하고 씻을 수도 있다. 입석사에서 차가운 계곡물로 발과 무릎을 닦아주면 재충전되니까 다시 오르는 데 문제없어.' 내려가는 길에 처음으로 나 말고 맨발로 오르는 산객이 있어 반가웠다. "안녕하세요." 스치는 인사가 다였지만, 진중하고 격려하는 마음이 전해졌고 맨발이기에 통하는 느낌이 들었다. 2시간을 내려왔다. 입석사에서 시원한 계곡물과 함께한 휴식이 나를 재충전해 주었다.

다시 비로봉 정상을 향해 급경사 돌계단을 600m가량 오르다 보니 몸은 늘어지는데 시간은 날아가는 것 같았다. 오후 4시 30분경 '계곡 길' 표시가 있는 이정표 앞에서 나비가 펄럭거리듯 마음이 흔들렸다. 비로봉 정상에 다시 오른 뒤 사다리병창길로 내려갈 것인가, 계곡 길로 내려갈 것인가, 마음을 확실히 정하지 못했기 때문이었다. 치악산 계곡 길은 습기와 이끼로 미끄럽고 낙차 큰, 울퉁불퉁한 바윗길이 대부분이다. 길들지 않는 성질의 것, 야생(野生)이 그대로 남아 있다는 것을 이전 산행으로 알고 있었다. 그리고 곧 어두워질 것이다. 잠시 뒤 이정표 근처 평상에 누워 하늘을 보니 가슴속 펼력이던 나비가 날아갔다. 어느 길로 내려갈지 결정은 비로봉에 다시 섰을 때 판단하기로 했다. 다시 오른 비로봉 정상은 바람 소리, 새소리, 나뭇잎 흔들리는 소리밖에 없었다. 10km, 5시간 40분 이상을 맨발로 걸었다. 몸은 지쳤지만 신중하게 내린 결정이기에 더 이상 주저하지 않았다. 머뭇거릴 시간이 없었다. 오후 5시, 해가 질 무렵 계곡 길로 접어들었다. 빙산의 일각처럼 본연의 모습은 감추고 있었다는 것을 잠시 뒤 알았다. 10분이 지나자 녹색의 빛깔이 짙어지고 있었다. 쉼터 나무 의자는 녹차 가루를 뿌려놓은 듯 이끼로 덮여 있었고 발걸음마다 시원함이 느껴졌다. 폭염에 몸서리쳐질 만큼 차가운 계곡물을 만나리라고는 생각하지도 못했다. 며칠 내린 비 덕분에 등산로 위로 물이 흥건했다. 마치 나를 향해 다가오는 듯했고 두 발을 담그자 전율이 느껴졌다. 산과 내가 통하는 느낌이 들었다. 걱정스럽고 두려운 마음이 서서히 사라지고 이 계곡의 일부가 되어갔다. 가지고 있던 청포도 사탕을 꺼내 봤다. 청포도 사탕보다 더 푸른빛은 점점 스며들어 안구 깊이 푸르름으로 가득해졌다. '내가 널 기억하고 있어. 이제 휴식을 줄게.'라고 말하는 듯 첫 번째 안식을 선사했다. 한여름 무더위 속에 아리도록 발가락이 시렸다. 얼음같이 차갑고 발끝이 얼얼해 채 1분도 지나지 않아서 "우와, 발 시려, 우와!" 할 정도였다. 발목이 겨우 잠길 정도로 아주 얕은 물주기가 정신을 쏙 빼놓을 정도로 자극적이고 짜릿했다. 한겨울 빙판길에서 느꼈던 냉기가 떠오를 만큼 놀라웠다. 순간 모든 피로, 앞길에 대한 걱정도 다

사라졌다.

"감사합니다. 고맙습니다."

하지만 날이 점점 어둑해지자 소심해졌다. 마초(Macho) 같은 길은 내려가다 마주친 다른 사람의 등산화 발자국도 반가워졌을 만큼 한참을 내려왔다고 느껴졌다. 하지만 2km 남았다는 이정표 앞에서 역시나 산길은 생각보다 길다는 것을 실감했다. 잠시 지쳐 있다가 몇 걸음 옮기자 이번에는 두 번째 위로가 찾아왔다. 계곡을 찾아 안쪽으로 들어갈 것도 없이 굵은 계곡 물줄기가 지친 발목을 덮었다. 주변의 작은 폭포들은 음이온이 가득한 물보라를 보내며 합세했다. 이곳에서만 느낄 수 있는 특별한 공기가 가슴속까지 후련하게 해주었다. 잠시 뒤 '침수 주의' 표시판을 봤다. 더 깊고 맑은 물줄기가 흘렀고 보는 것만으로도 상쾌함과 기쁨을 가득 채워주었다. 태생처럼 걸친 옷을 모두 훌훌 벗어버리고 그 안에 스며들고 싶었다.

"풍덩."

출발점 구룡사 주차장에 도착했다. 하늘에는 '휘영청' 쟁반처럼 둥근 달이 조명보다 밝게 나를 반겨주었다. 긴 여정 끝에 커다란 선물을 한가득 받은 느낌이었다. 함께 웃으며 행복하게 살아갈 수 있으리라는 믿음이 생겼다.

'더 이상 미래세대에게 미안한 어른으로 남기보다 내가 진 빚은

반드시 갚고 간다.'

이 길에서처럼 열심히 걷고 한가득 받았던 선물처럼 숲의 이로움을 세상에 전하라는 소명을 받들기로 했다.

7

세상에!
내가 시를 다 읽어요

고은 시인의 '그 꽃'은 단 두 줄로 이루어진 짧은 시(詩)다.

내려갈 때 보았네
올라갈 때 못 본 그 꽃

처음 이 시를 접했을 때, 짧은 문장이 품고 있는 깊은 여운에 놀랐다. 중고등학교 시절 교과서에서 읽은 시 외에는 시를 찾아 읽은 기억이 거의 없었다. 이 시는 특별한 계기를 남겼다. 함축적인 문장에 어렵다고만 느껴졌던 시에 대한 고정관념이 사라졌다. 지금은 이 짧은 시가 말하려는 의미를 자연스레 받아들일 수 있게 되었다.

산에서 만난 '그 꽃'

일주일째 흐린 날씨와 진눈깨비로 차가웠던 공기가 오늘 아침은
달라졌다. 바람과 하늘이 주는 상쾌함에 가슴이 뛰었다.

'이런 날은 달려야 해!'

냉큼 동네 뒷산으로 향했다. 대지에 발을 내딛는 순간, 겨울이 가
고 봄이 오나 싶었다. 겨우내 웅크렸던 어깨를 펴고 정상까지 숨차
게 달렸다. 올라가는 동안은 오로지 발걸음에만 집중하느라 주변을
돌아볼 여유가 없었다. 정상에 멈춰서니 온화한 햇살 아래 스르륵
녹아내리는 눈이 나의 시선을 잡았다.

» 저 멀리 양평 용문산 백운봉(11시 방향)과 주봉인 가섭봉(중앙)

'어? 봄이 왔나, 봄!'

그제야 두리번거리며 봄을 찾아보기로 했다. 문득 지난해 떠나던 봄과 이별하던 장소가 떠올랐다.

'작고 여린 꽃잎의 촉감이 발끝에서 전해지던 날, 날카롭고 부드러웠던 입맞춤처럼 떠나보낸 봄이었다.'

그때는 너무 아쉬웠지만 담담하게 보내주었다. 다시 만날 것을 기약하며, 떠나보냈던 봄을 이렇게 또다시 반갑게 맞이하는구나. 내려오는 길마다 발끝에 닿는 촉감이 달라졌다. 겨울의 흔적이 사라지고 봄의 숨결이 땅 위에 스며드는 것을 느꼈다. 올라갈 때는 몰랐던 변화였다. 온화한 봄볕 아래 차가운 눈이 벌써 그리워지는 것은 분명했다.

그 봄 (by 찐프로)
내려와서 보았네
올라갈 때 못 본 그 봄

올라갈 때는 정상 도착에 몰두하느라 주변의 아름다움을 놓쳤지만, 내려갈 때는 여유로운 마음으로 주변을 돌아볼 수 있었다. 이 짧은 시가 내게 가르쳐준 것은 '삶의 여유'였다. 인생에서 '올라감'은 젊음의 열정과 성취를 의미한다. '내려옴'은 성찰과 여유를 뜻한다. 고은 시인의 시는 단 두 줄로 계절의 흐름 변화를 여유를 가지고 지

» 작고 여린 꽃잎의 촉감이 발끝에서 전해지던 날

켜보라고 말해 주었다.

'그 꽃'은 우리가 지나치기 쉬운 삶의 소중한 아름다움과 작은 행복을 놓치지 말라고 당부했다.

맨발로 산을 걷는다는 것은 땅의 숨결을 온전히 느끼는 일이다. 고은 시인의 시가 나를 돌아보게 하듯, 맨발 걷기는 나에게 삶의 진정한 의미가 무엇인지 묻는다. 그날 동네 뒷산에서 만난 봄은 '그 꽃'과 같았다. 시와 함께 맨발로 걷는 시간은 모두 내 삶에 여유와 행복을 선물해 준다. 이제 나에게 봄은 '고은 시인의 그 꽃'으로 찾아와 새로운 추억으로 기억될 것이다.

8

북한산

– 막걸리 한 사발에 여름을 삼키다

〈막걸리 한사발 by 찐프로〉

사과하나 물통하나

하루종일 산을탔네

족두리봉 땅거지가

뱃가죽에 들러붙어

등짝에서 통곡하네

밥줘유 밥줘유

제발 밥줘유

냉막걸리 한사발에
두볼가득 두부김치

나도웃고 너도웃고
무엇이 더 필요하리

무척 더웠던 날이었고 무척 굶주렸던 날이었다. 하산하자마자 식당을 찾아갔다. 두부김치와 냉막걸리가 나왔다. 살얼음이 살짝 떠 있던 막걸리를 한 모금 마시는 순간, 목구멍을 타고 달콤한 냉기가 뱃속으로 퍼져갔다. 저절로 탄성과 미소가 번졌다. "캬하." 내 목소리, 내 표정에 마주 앉은 친구는 '그렇게 맛있어?' 하는 표정으로 함박 웃었다.

"건배!"

북한산에서 맨발로 원 없이 걷고 돌아와 친구와 나눠 마신 막걸리. 지금까지 먹어본 막걸리 중에 가장 맛있던 막걸리 한 사발이었다.

'막걸리 한사발'이라는 자작 시(?)까지 쓰게 된 사연은 이랬다. 북한산 서쪽 끝 제일 낮은 봉우리. 머리에 쓰는 족두리를 닮았다고 해서 붙여진 이름 족두리봉에 올랐다. 조금 더 높은 곳에 향로봉이 보였다. 향로봉에 오르니 손에 잡힐 듯 우뚝 솟은 비봉이 어서 오라고 나에게 손짓했다. 이끌리듯 비봉에 올라 진흥왕순수비를 보고 나서

든 생각은

'그래 언제 또 이렇게 걸을 수 있겠니. 마음껏 걷자.'

처음부터 더위를 무릅쓰고 험한 북한산에서 12km를 걸을 생각
은 없었다. 그랬기에 내 작은 배낭에는 사과 하나, 물통 하나가 다였
다. 험한 길을 오르고 또 오르다 보니 허기졌고, 꺼내든 사과를 먹으
며 헨리 데이비드 소로의 말이 떠올랐다.

'사과는 바람과 함께 먹는 것.'

» 헨리 데이비드 소로의 '야생 사과'는 1862년에 연재된 에세이. 산에서 사과 먹기는 이천 천덕봉 맨
발 등산 때부터

  맨발 걷기가 내게 알려준 것들

맞는 말이었다. 북한산 멋들어진 경치를 보며 먹는 사과는 유독 달콤하게 느껴졌다. 다시 출발점으로 돌아가야 하는데, 내게 남은 것은 물이 반쯤 담긴 물통 하나가 다였다. 이제 허기를 채우는 것이 목표가 되었다. 낭만도 배고픔 앞에서는 별것 아닌 순간이었다. 그때 떠오른 것이 두부김치와 냉막걸리였다. 사실 난 막걸리를 좋아하지 않는다. 대학 신입생 환영회에서 냉면 그릇에 가득 담긴 막걸리를 연거푸 마셨다. 다음 날 머리가 깨질 듯한 숙취로 고생했다. 하지만 이날 이후 시원한 막걸리는 내게 새로운 추억을 선물했다.

» 생막걸리 두부김치 끝내줘요.

작은 것에도 감사하게 되는 순간이었다. 행복에는 과소비가 필요 없다는 말이 딱 맞았다. 허기를 채우며 느끼는 만족감, 그리고 이 기쁨을 함께 나눌 친구가 있다는 것이 행복했다. 이날 나는 얼음 동동 냉막걸리 한 사발에 무더운 여름을 벌컥벌컥 삼켜버렸다.

9

북한산 불광동 블루스

달리기에서 '런태기'가 왔었던 것처럼 맨발 등산도 시큰둥하게 식어가고 있었다. 높은 산들을 맨발로 넘었기에 맨발 등산에서 정점을 찍었다고 착각했기 때문이었다. 이런 내 마음에 커다란 변화를 가져온 것이 불광동 족두리봉이었다. 깊어가는 가을 다채로웠던 불광동의 어떤 하루가 맨발 걷기에 대한 열망과 생각을 다시 일깨워 주었다.

휴무였지만 갑자기 잡힌 회의로 어쩔 수 없이 서울에 왔다. 도심은 가로수 길 따라서 떨어진 노란 은행잎이 바람 따라 여기저기 뒹굴고 있었다.

'왜! 쉬는 날 쉬지도 못하게 해.'

뚱한 마음에 거리는 온통 어수선해 보였고 부는 바람마저 건조하고 삭막했다. 회의는 늘 그렇듯 뻔했다. 참신함은 없었고 되풀이되는 내용이 지루했다. 시간이 갈수록 '회의를 위한 회의'라는 허탈감이 몰려왔다. 지금 막 반환점을 돈 마라토너처럼 빠르게 지쳐가고 있었다. 장시간의 회의가 끝나자 해장하듯이 갑갑한 가슴을 풀어줄 속풀이가 필요했다. 예전 같았으면 착잡한 기분에 동료들과 술 한 잔 했을 나인데 혼자 북한산이 인접한 불광동으로 향했다. 북한산이 서서히 눈에 들어오고 숲이 가까워지자 기분이 나아졌다. 지난여름, 이곳 북한산 족두리봉을 오르며 소나기를 맞던 날이 생각났다. 묵은 때를 벗겨내듯 상쾌했었고 족두리봉 꼭대기에서 석양빛에 물드는 불광동을 바라봤었다.

'와~ 밤에 보면 야경 정말 끝내주겠다.'

다음에는 꼭 야경을 보리라 했었는데 오늘이 그날이 됐다.

족두리봉에 석양이 물드는 시간을 맞추기 위해 먼 길로 돌아서 오르기로 했다. 걷기도 하고 달리기도 하다가 맨발 걷기 하는 몇 사람과 환한 미소로 인사도 나눴다. 북한산에서 맨발 걷기를 하는 사람들이 있어서 반가웠다. 산은 생각보다 빠르게 해가 졌다. 나무 사이로 햇살이 낮게 깔리면서 어두워지고 있었다. 무성한 숲은 더 어두웠고 빨리 벗어나야겠다는 조급증이 올라왔다. '들개 주의'라는 안내판이 눈에 들어왔다. 때마침 몇 m 앞, 들개 한 마리가 발걸음을 멈췄다. 고개를 돌린 채 나를 뚫어지게 바라봤다. 덩치가 제법 컸다.

 맨발 걷기가 내게 알려준 것들

들개와 눈이 마주쳤을 때 나는 두렵다기보다는 지난달 보았던 들개의 슬픈 눈이 떠올랐다. 맨발 등산에 대한 열정을 되살린다며 북한산 여러 봉우리를 찾아가 하나씩 오르던 때였다. 나는 각각의 봉우리에서 들개들을 만났고 그들은 모두 순했다. 눈망울은 깊었지만, 시선은 바닥을 향해 있었다. 적당한 거리를 두고 나를 바라보던 그 눈빛은 한결같이 자신을 잃은 것처럼 슬퍼 보였다. 마치 8년 전 불안했던 나처럼 느껴졌고 안쓰러워 보였다. 지금 내 앞에 들개도 풀이 죽은 듯 걷다가 무심하게 나를 한번 돌아봤을 뿐, 자유롭게 제 갈 길을 갔다.

어두운 숲을 빠져나오자 붉은 노을이 산등성이를 환하게 물들였다. 잠시 무거웠던 마음은 붉은 석양 속으로 녹아들며 흔적도 없이 사라졌다. 우뚝 솟은 바위 족두리봉이 모습을 드러냈다. 점점 붉어지는 하늘과 검게 변하는 능선이 대비를 이뤘다. '하늘이 참 아름답다.'라고 느껴질 때 내 얼굴도 따스하고 붉게 물들었다. 조용히 앉아 도심 야경을 바라볼 생각에 설렘이 찾아왔다. 어둠이 내렸다. 나는 도시의 소음이 들리지 않을 만큼 적당한 거리를 두고 자리에 앉았다. 야경을 감상하기 좋은 자리였다.

» 자연과 도시, 그 경계에 있던 찐프로. 발아래 불광동

 맨발 걷기가 내게 알려준 것들

세상과 완벽히 분리된 듯 고요했다. 까만 하늘 아래, 도시는 별처럼 반짝이는 불빛의 바다로 변해 있었다. 저 아래 깃든 수많은 이야기가 궁금했지만 들리지 않았다. 우리 동네 같은 친근감도 있었고 남의 동네라서 낯설기도 했다. 분주하게 돌아가는 도시가 익숙하지만, 이 자리에서는 마치 다른 세상처럼 아득했다. 찬바람이 옷깃 사이를 스치며 두 볼을 간질였다. 산 위의 어둠은 고독해진 나를 위로하는 것처럼 느껴졌다. 나는 불빛의 향연과 고독한 적막, 두 경계에 서 있는 기분에 사로잡혔다. 나는 아주 작은 존재지만 두 세계를 마음껏 넘나드는 자유인이었다. 묵직한 평화와 함께 작은 전율이 찾아들었다.

시간이 얼마나 흘렀을까. 내려가야겠다는 생각에 발걸음을 조심히 옮겼다. 순간 어둠 속에서 '그르렁'거리는 육중한 짐승의 경고가 들렸다. 들개였다. 조용히 쉬고 있던 들개의 심기를 내가 건드렸나 보다. 어두워서 안 보였지만 순한 들개가 돌변해서 하얗고 커다란 송곳니로 으르렁거리는 모습이 상상됐다. 얼마나 놀랐는지 나는 순간 동공이 커졌고 주변이 확 밝아지는 듯했다. 숨을 멈추고 살금살금 뒷걸음쳤다. 그르렁 소리가 잦아들었다. '휴우' 안도의 한숨이 나왔다. 이곳에서 내게 허락된 자유가 끝났음을 들개가 알리는 듯했다. 벌렁거리는 심장을 진정시키며 고양이처럼 살금살금 내려왔다. 한참 뒤 혹시나 나를 쫓는 것이 있나 뒤돌아봤다.

주변을 살피며 조심스럽게 내려오는데 드디어 아파트 단지와 가로등 불빛이 보였다. 등산이 끝나갈 무렵이었다. 그때 인기척이 들렸다. 불광동을 바라보며 쉬고 있던 한 사람이 맨발인 내게 반갑다며 인사했다. 야위었지만 큰 눈에 선함이 가득했던 그 사람은 자신을 은퇴한 일본어 강사라고 소개했다. 한때 잘나가다가 건강을 잃고 모든 것을 잃었다고 했다. 붉어진 눈시울을 보니 안타까웠다. 아픈 몸으로 불광동으로 이사를 왔고 치유의 숲을 찾아 북한산을 매일 올랐다고 했다. 나도 건강 악화로 좌절해 봤기에 그 심정이 어떤지 충분히 짐작이 갔다. 병든 몸이 앗아갔던 그 모든 자유의 시간을 되찾고 싶었을 것이다. 잠시 그의 곁에서 위로해 주고 싶었고 같이 하산하며 더 많은 이야기를 나눴다. 그분은 아픈 몸을 회복하려고 북한산을 3천 번은 올랐다고 했다. 맨발 걷기를 최근에 알았고 맨발로 걸었으면 몸이 더 좋아졌을 텐데 아쉽다고도 했다. 오늘도 맨발로 올랐다가 내려오는 길이라며 옅은 미소를 보였다. 나는 꾸준한 노력이 정말 대단하다고, 이제 건강해 보인다고 위로했다. 마지막 질문이 있다며 내게 맨발 걷기 이력을 물었다. 간략하게 설악산 대청봉, 이곳 북한산 맨발 등산 경험을 이야기해 주었다. 그분은 내게 맨발의 고수를 만나서 너무 반갑다고 다시 꼭 만나면 좋겠다고 말했다. 산을 벗어난 우리는 가로등 불빛 아래 함께 걸으며 나의 맨발 걷기에 대해 더 많은 이야기를 나눴다. 우리는 불광초등학교 앞에서 멈췄고 아쉬운 이별 인사를 나눴다. 뜻밖에도 내게 전화번호를 주며

 맨발 걷기가 내게 알려준 것들

다음에 나를 만날 때 지인들도 데리고 오겠다고 했다.

"맨발 걷기 고수님, 강습 잘 부탁해요." 하며 환하게 웃었다.

"네, 좋습니다. 저도 준비 잘해서 다시 찾아뵙겠습니다. 건강하세요."

나는 밝은 미소로 화답했다.

자유로운 들개와 억압된 우리, 그리고 그 경계를 넘나들어 본 나. 북한산과 불광동으로 이어진 그 시공간 속에서 내가 진정 원하는 것이 무엇인지 다시 한번 떠올려 봤다. 숲이 우리에게 주는 이로움을 통해 건강을 되찾고 그 자유로움을 미래세대에 온전히 되돌려 주자. 북한산을 자주 찾고 세상을 향해 건강한 메시지를 보내자. 그것이 남은 내 삶의 목적과 맞닿아 있다는 것을 다시 가슴에 새겼다. 분명한 것은 앞으로 내가 불광동을 자주 찾게 될 것이라는 점이었다. 집으로 가는 길, 바람결에 나뒹구는 불광초교 앞 낙엽이 오전에 보았던 가로수 길과는 전혀 다르게 낭만적으로 느껴졌다. 나는 John Mayer의 블루스 Sweet home Chicago를 흥얼거리며 은은하게 번지는 불광동 노오란 가로등 불빛에 스며들었다.

10

북한산 영봉에서 두 명의
작가를 만나다

8월 본격적인 무더위의 시작과 함께 책 쓰기 여정에 돌입했다. 내 책을 출판하겠다는 목표 아래 작가 지망생들이 모였다. 어느 날 북한산 등산 이야기를 나누다가 놀라운 사실을 알았다. 2021년 작고한 고(故) 최복현 작가가 평소 북한산 영봉에 자주 올랐다는 이야기와 나의 책 쓰기 코치 허경심 작가를 포함한 제자들이 추모의 산철쭉을 영봉에 심었다는 것이었다. 2015년 최복현 작가의 독서 모임에 참여했던 허경심 작가는 2021년까지 7년간 소중한 인연을 이어 갔다. 자신의 영원한 스승이자 정신적 아버지 같던 분이라고도 했다. 허경심 작가가 얼마나 그리워하고 있는지 느껴져 애잔한 마음에 울컥해졌다.

일요일 아침 일찍 나는 몇 주 전 산행에서 무심하게 지나갔던 북한산 영봉을 향했다. 그 추모의 산철쭉을 만나면 '어느 날, 나에게 공황 장애가 찾아왔습니다(허겸심 저)'의 프롤로그를 낭독하려고 했다.

전날 북한산에 내린 비로 오르는 길은 촉촉했다. 8월의 끝자락임에도 더위는 없었다. 사찰 담벼락 푸른 이끼는 아침 이슬을 가득 머금은 초록 스펀지 같았다. 손으로 누르면 밤새 담았던 비의 상쾌함을 주르륵 전해 줄 것 같았다.

등산로 위로 계곡물이 넘쳐흐르고 있었다. 맨발에 전해지는 시원함에 발바닥이 즐거웠다. 지난주 불수사도북(강북 5산 종주를 말한다. 불암산, 수락산, 사패산, 도봉산, 북한산을 하루에 모두 오르는 종주 산행) 때 밟았던 건조하고 거칠었던 바로 그 길이라는 것이 믿어지지 않았다. 이렇게 상쾌하고 신비로움이 가득한 길을 오를 수 있음에 감사한 마음이 밀려들었다. 머리 위로 아침 햇살이 비추다 사라지기를 반복했다. 북한산 영봉 일대는 아직 비구름 속에 있었다. 영봉에 다가설 무렵 시야가 탁 트인 봉우리에 올랐고 운해를 만났다. 산철쭉을 만난다는 기대감과 설렘도 커져만 갔다. 드디어 우이역에서 1시간 반, 4km를 맨발로 올라 영봉에 도착했다. 산철쭉을 찾기 위해 상당 시간 영봉에 머물러야 했다. 과거 사진들과 대조하며 산철쭉을 찾아보았지만 보이지 않았다. 난감한 발걸음으로 영봉을 떠나 북한산 정상 백운대에 섰다. 구름에 가려 올라온 영봉도 보이지 않았다. 머릿속에는 경치보다 '허경심 작가에게 어떻게 말하지?'를 고민하며 내려올 수밖에 없었다.

그날 밤 영봉 운해 영상을 유튜브에 올리려다가 키아누 리브스의 쇼츠(shorts)에 눈이 갔다. 아니다, 이끌렸다는 말이 맞다. 토크쇼의 한 장면을 담은 짧은 영상이었다. 쇼 호스트가 이런 질문을 했다.

"우리가 죽으면 어떻게 된다고 생각하세요?"

키아누는 긴 한숨 같은 호흡을 내쉬며 대답했다.

"우리를 사랑하는 사람들이 우리를 그리워할 거라는 것을 알아요."

나도 모르게 울컥 눈물이 솟았다. 한참 뒤 키아누의 이 대답 덕분에 허경심 작가에게 산철쭉이 보이지 않더라고 솔직히 말할 수 있겠다는 생각이 들었다. 고(故) 최복현 작가는 내가 글쓰기에 전념하기로 했던 올해 초 도서관에서 그의 작품을 보고 알게 되었다. 작품을 읽었다기보다 스치듯 봤다는 것이 맞을 것이다. 당시 나에게 그 책은 수많은 작법서 중 하나였다. 그런데 이렇게 그의 글에 대한 애정과 사랑이 후배 작가에게 이어졌고 나는 그 후배 작가 밑에서 배우고 있었다. 난 북한산을 사랑하고 글쓰기를 좋아한다. '우연이면서도 필연이다.'라는 생각에 북한산 영봉에도 갔던 것이다. 도서관에서 빌려 읽었던 최복현 작가의 저서 '닥치고 써라'도 이제는 구매해서 읽으며 글을 쓰고 있다. 작법서지만 인간미가 넘쳐흐른다. 그 따뜻한 인성이 후배 작가들에게도 전해졌기에 나 역시 그 후배 작가를 만나게 되었다. 단순한 글쓰기 기술이 아닌 마음으로 글 쓰는 방법을 배우고 있었다. 참 기분 좋은 밤이 찾아들었다.

'이제 저에게 북한산 영봉은 정상에서 바라보던 봉우리, 스쳐 가는 봉우리가 아닙니다. 북한산을 사랑하는 나는, 스승과 제자가 함께한 영봉으로 기억할 것입니다.'라고 쓰며 노트북을 닫는다.

11

안전한 통증

맨발 등산할 때마다 자주 듣는 질문이 있다. "안 아파요?" 그리고 "안 시려요?" 이 두 가지다. 첫 번째 질문은 등산로의 거친 바닥 상태에 관한 것이고, 두 번째는 계절과 기온에 대한 것이다. 거칠기로 유명한 치악산 비로봉을 오르던 중이었다. 한 여성 등산객이 눈을 동그랗게 뜨며 물었다.

"발 안 아프세요?"

설악산에서는 한 등산객이 깜짝 놀라며 믿기지 않는다는 표정을 지었다. 치악산과 설악산 모두 이름에 '악(岳)' 자가 들어간다. 우리는 '악' 자가 들어간 산은 험하고 힘들다는 선입견을 갖고 있다. 이들은 산길의 상태를 직접 확인하기보다 머릿속에 각인된 이미지를 바탕으로 반응한 것이었다. 동네 뒷산에서 뛰든, 빙설이 가득한 북한산에 오르든 빠지지 않는 질문이 또 있다.

“안 시리세요?”

이 또한 차가운 기운으로 인한 통증에 주목한 것이다. 그러나 햇볕이 비치는 낙엽 길이나 발바닥을 감싸는 눈의 질감을 고려하지 않은 반응이다. 나는 그때마다 이렇게 대답했다.

“맨발 걷기를 자주 하면 괜찮아져요.”

하지만 이 말은 충분하지도 명쾌하지도 않았다. 사실, 나도 아프고 시리다. 그렇다면 나는 어떻게 거친 돌길이나 얼음 위에서도 심리적 위축 없이 통증을 견딜 수 있었던 것일까? 그 이유를 명확하게 해석할 필요가 있었다. 어떻게 아프고 시린 외중에도 맨발 걷기를 할 수 있었는가. 그 이유를 설명하기 위해, 세 가지 키워드를 중심으로 풀어가 보려 한다.

그 첫 번째는 주도적 결정이다. 주도적인 결정에 따른 행위로 인해 통증을 느끼는 정도가 다르다. 그 이유는 주도적 행위는 멈출 수 있는 선택지를 포함한다. 내가 원하면 멈출 수 있다는 심리적 안정감은 통증을 컨트롤할 수 있는 힘으로 이어진다. 상황을 통제할 수 있다는 사실만으로 통증의 정도는 현저히 낮아진다. 이와 반대 상황을 빅터 프랭클의 '죽음의 수용소에서'를 통해 알게 되었다. 그 내용을 소개하면 이렇다.

'수용소에서 가장 끔찍한 시간은 아침이었다. 새벽, 기상 호루라기 소리에 부족한 잠에서 깨어난 수용자들은 부은 발을 젖은 신발에 억지로 밀어 넣으려 기를 써야만 했다. 어느 날, 평소 의연하고 용감했던 한 남성이 엉엉 울었다. 부어오른 발 때문에 신발을 신을 수 없었고 작업장까지 맨발로 눈길을 걸어가야 했기에 울었다.'

즉, 수용소 남성에게는 선택권이 없었다. 하지만 나는 언제든 신발을 신거나 멈출 수 있다. 이 차이가 주는 심리적 안정감이 한겨울에도 맨발 등산을 가능하게 한 이유 중 하나다.

두 번째 이유는 우리의 뇌가 통증을 재구성하는 능력이 있다는 것이다. 몬티 라이먼의 저서 '고통의 비밀'에 따르면, 고통스러운 자극은 위험, 공포와 연결될 때 견디기 힘든 느낌으로 증폭된다. 그러나 안전과 기쁨 같은 보상이 기대되는 상황에서는 통증조차 긍정적인 경험으로 변환될 수 있었다. 내가 처음 한겨울 동네 뒷산에서 맨발을 시도했을 때 단 5분도 견디기 힘들었다. 5분이 50분같이 느껴졌었다. 동상이라는 위험이 내 생각을 지배하고 있었기에 처음에는 두려웠다. 하지만 맨발 걷기 횟수를 거듭하고 눈길에서 걷는 시간이 늘어가도 동상에 걸리지 않았다. 오히려 맨발 걷기를 끝내고 나면 발바닥이 뜨거울 정도로 후끈거렸다. 몸이 차가워진 내 발을 정상 온도로 회복하기 위해 전력을 다하고 있다는 느낌이 들었다. 그 느낌은 내가 그 어떤 육체적인 문제도 다 회복할 수 있겠다는 강한 신호로 다가왔다. 그 강한 신호는 나에게 희열을 불러일으켰다. 안도감과 상쾌함이 찾아들었다. 이후 나는 맨발로 산길을 걸을 때의 통

 맨발 걷기가 내게 알려준 것들

증을 다르게 받아들일 수 있었다. '내가 주도적으로 선택한 도전이다. 통증 너머에는 상쾌함과 성취감이 기다리고 있다.' 나의 뇌는 이 기대감을 반영해 통증을 감각적인 즐거움으로 재구성했다.

세 번째는 뇌의 치유 능력이다.

'스스로 치유하는 뇌'의 저자 노먼 도이지의 연구 결과에 따르면, 뇌는 신체의 감각을 활용해 스스로 치유할 수 있다. 소리, 빛, 진동 같은 외부 자극이 뇌의 변화를 유도한다는 연구 사례가 이를 뒷받침한다.

가장 흥미로웠던 내용이 빛으로 뇌를 재배선하는 사례였다. 황달에 걸린 아기들을 주기적으로 병원 남쪽 햇볕이 잘 드는 마당으로 데려갔다. 심지어 가장 어린 아기들을 인큐베이터에서 꺼내 휠체어에 태워 마당으로 데려가 신선한 공기와 햇볕을 함께 쐬도록 했다. 아기들은 호전되었다. 햇빛에 노출된 배 부위가 더 이상 노랗지 않았다. 심지어 황달에 걸린 아기의 혈액이 담긴 작은 병을 햇빛이 드는 창턱에 몇 시간 두었는데 검사 결과 혈액이 정상으로 돌아왔다.

햇빛에 파란색 가시광선 파장이 이런 놀라운 효과를 일으켰다고 밝혔다. 빛은 우리가 모르는 사이 몸속으로 들어온다. 자연의 빛은 보이지 않는 무지개색 파장으로 몸과 마음에 영향을 미친다. 예를 들어 진한 남색이 시력을 개선시킨 사례도 나온다. 시력이 좋아질 수 있다는 희망에 나도 고무되었다.

통증과 고통의 경계

이쯤에서 통증과 고통의 차이를 짚어볼 필요가 있다. 통증은 신체적 자극에 의한 물리적 반응이다. 상처가 나거나 신경계가 자극을 받았을 때 발생한다. 반면 고통은 정서적이고 심리적인 영향을 포함한다. 통증은 순간적일 수 있지만, 고통은 지속적이고 깊은 불편함을 동반한다. 처음에는 나 역시 맨발 걷기의 통증을 단순히 '참으면 되는 것'으로 여겼다. 하지만 도전의 강도가 높아질수록 막연한 믿음만으로는 한계가 있었다. 주도적 선택, 뇌의 통증 변환, 그리고 치유 능력에 대한 이해가 쌓이면서, 나는 맨발 등산에서 오는 통증을 넘어설 수 있었다.

결론적으로 말하자면 통증은 몸이 보내는 경고다. 통증을 무시하라는 말은 아니다. 통증은 몸이 보내는 중요한 신호다. 하지만 그 신호를 주의 깊게 살피고, 꾸준한 경험과 훈련으로 위험 수위를 조절한다면, 통증은 더 이상 두려움의 대상이 아니다. 나는 한겨울 동네 뒷산에서 100m씩 걸으며 점차 거리를 늘려갔다. 거친 산을 오르며 조금씩 쌓아온 날들은 나에게 '조심하면 안전해. 괜찮아.'라는 경험을 남겼다. 우리가 오르는 대부분의 국립공원 내 산들은 등산로를 벗어나지만 않으면 안전하고 맨발로 걸을 수 있을 만큼 정비가 잘 되어 있다. 그래서 내가 치악산, 설악산 공룡능선, 북한산까지 맨발로 걸을 수 있었다. '통증은 몸의 경고일 뿐이다.'라고 외치며 걸었다. 그 신호를 읽고, 심리적 안정과 경험을 바탕으로 내 생각을 통제할 수 있다면, 맨발 걷기는 더할 나위 없이 상쾌하고 즐거운 경험이 된다. 맨발로 숲속을 걸으면 보이지 않는 무지개를 만나게 된다. 빨주노초파남보 무지개색 파장이 내 몸으로 파고든다. 그때 나는 문득 주변의 에너지를 온몸으로 느낀다. 특히 발바닥을 타고 전해지는 땅의 온기, 냉기, 숲속의 새소리, 변해 가는 빛의 흐름 속에서 통증은 무뎌지고 점차 희열로 변한다. 그렇게 통증을 넘어서 스스로 치유의 길을 찾아 나갈 수 있다. 내가 오늘도 험한 산을 사계절 맨발로 오르고 달릴 수 있는 이유다.

12

신발이 내 마음을 아프게 한다

내 발에 맞지 않는 신발을 신었을 때 통증을 느낄 수 있다. 하지만 신발 욕심은 아픔을 넘어 만성 고통으로 이어질 수 있다.

찬바람에 입김 풀풀 나던 날, 은행 365코너 안에 들어가면 참 따뜻하고 편안했던 기억이 있다. 그 따스한 공간에서 빈손으로 나올 수밖에 없었던 기억은 오래도록 나를 따라다녔다. 아버지가 두툼한 서류 봉투에서 제품 설명서를 꺼내 들던 어느 날, 불행은 다시 시작됐다. 아버지는 사업 실패를 딛고 일어나 재기하고 싶은 의지가 강했다. 매일 조용히 어딘가 일을 찾아 나갔고 그동안 준비한 새 사업이라며 엄마와 내 앞에서 자세히 설명했다. 다만 아버지는 금융거래를 할 수 없는 신용불량 상태였기에 내 명의로 사업자를 낼 수 있게 해달라고 간곡하게 부탁했다. 엄마의 눈빛이 간절했다. 나에게는 엄마의 건강이 제일 중요했다. 엄마도 희망이 피어났는지 집안이 어려워진 후 2년 넘게 마시던 술을 딱 끊었다. 엄마는 빙판길에 넘어져서 한쪽 다리가 부러지기 전까지 건물 청소원으로 일했다. 당시 나는 급여 수준이 좋은 회사에 다니고 있었지만 한 사람 벌이로 집안 사정이 좋아질 수는 없었다. 결국 내 명의로 사업하는 것을 허락했다. 그 결정이 얼마나 깊은 수렁으로 나를 끌고 들어간지 그때는 몰랐다.

처음에는 잠시 희망이 보이는 듯했다. 몇 달 뒤 아버지 신발 공장도 가보고 납품할 매장도 돌아봤다. 나도 여느 직장인들처럼 안정을 찾아가고 있었다. 주말에 동호회도 나가고, 해외 출장도 다녀오고, 일하는 것이 흥미로웠다. 겉보기에는 평범한 사람이 되는 듯했다. 1년간 실수 없이 일한다면 이전 회사 경력을 인정해 주고 대리로 승진시켜 달라고 당차게 요구하고 입사했다. 실수 안 하려고 꼼꼼히 살피고 또 살피고 열심히 일했다. 정말 딱 1년 만에 대리를 달았다. 진급 후 인상된 급여 봉투를 손에 들었을 때 오랜만에 찾아온 희망으로 미소가 가득했다. 그러던 어느 날 사무실로 전화가 걸려 왔다.

"○○○ 사장님 아들 되시지요? 대출금 납부 지연 때문에 연락드렸습니다. 아드님 사무실로 저희가 찾아가기는 그렇고 시간을…."

더 이상 길게 듣고 있을 수 없었다. 멍해져서 뒷이야기는 들리지도 않았다. 찾아가겠다고 하고 전화를 끊었다. 당시 아버지는 사업 자금이 부족해서 내 명의로 신용카드를 6장이나 만들어 카드 돌려

막기를 하다가 막혔던 적이 있었다. 내가 그 빚을 겨우 갚아 나가고 있었다. 그 징그러운 카드 빚, 겨우 마무리돼 가고 있었는데 은행에서 또 돈 갚으라고 전화가 올 줄은 몰랐다. 며칠 뒤 은행에 가서 채무 상환 도장을 찍었다. 그날 이후, 내 생활은 정말 거지 같았다. 급여 들어오는 날 통장에 입금된 돈은 순식간에 다 빠져나갔고 당시 인천 집에서 회사로 출퇴근할 교통비도 부족했다. 회사 근처 후배 자취방에서 며칠, 서울 친구 집에서 며칠 신용카드 돌려막기 하듯이 잠자리를 돌려막았다. 친구, 후배, 동료들도 어느새 눈치를 챘다. 왜냐하면 예전보다 내 표정이 더 어두웠으니까. 고맙게도 한결같이 "앞으로는 잘될 거야. 다 해결될 거야."라며 내가 만취되도록 술도 밥도 사줬다. 아버지의 두 번째 사업도 2년을 넘기지 못하고 실패했다. 나에게 남은 것은, 수천만 원의 빚과 또다시 사라진 평화였다.

오래전 일이지만 가끔 은행인출기 앞에서 가슴이 먹먹해질 때가 있었다. 아버지 따라서 나 역시 '신용불량자'라는 길고 긴 터널 속으로 끌려 들어갔던 그날이 떠올랐기 때문이었다. 한 달 내내 열심히 일했는데, 그 월급으로 우리 식구 살아야 하는데, 통장 잔액이 만 원도 안 남았던 날. 집에 갈 돈도 없고 입김 풀풀 나게 추웠지만, 나올 수밖에 없었던 한겨울 대로변 은행 365코너가 생각이 난다.

아버지는 열심히 일했다. 작은 구두를 신고 종일 거래처를 방문하며 노력했다. 아버지의 발을 처음 본 것은 내가 고등학생 때였고

 맨발 걷기가 내게 알려준 것들

엄지발가락 모습이 내 발과 달랐다. 최근에 그 증상의 이름을 알았다. 작은 신발 때문에 양쪽 엄지발가락이 안쪽으로 휘어진 무지외반증이었다. 그 정도로 아버지는 열심히 일해 회사를 설립하고 대표가 됐다. IMF 금융 위기가 찾아오기 전까지 회사는 10여 년간 호황을 누렸지만, 극심한 경기침체로 결국 아버지 회사도 문을 닫았다. 실패자라는 오명을 쓰고 빈손이 됐다. 경제적 복구를 간절히 원했고 가장 역할도 되찾고 싶어 하셨다. 가족을 위한다며 자신이 할 수 있는 것 이상을 바랐다. 경험도 자금도 없으면서 남의 돈으로 구두공장을 세웠다. 구두공장은 과욕이었다.

최근 맨발로 산을 오르다가 무지외반증에 걸린 아버지의 발이 떠올랐다. 아버지의 꿈은 무엇이었을까? 가족을 위한 삶이 아닌 진정 자신이 원하는 삶은 무엇이었을까? 진작 물어보았어야 했지만, 이제는 기회를 잃었다. 아버지는 치매로 더 이상 나를 기억하지 못한다. 무표정할 뿐 대답이 없다. 작은 신발 속에서 고통을 견디며 달렸던 아버지처럼, 나 역시 내게 맞지 않는 신발을 신고 달리고 있었다. 생계를 위해 내 꿈을 버리고 살았다. 부자가 되고 싶은 욕심으로 나를 살피지 않고 앞만 보고 달렸다. 그 신발은 내 몸을, 그리고 내 마음을 상처투성이로 만들었다. 그런 내가 신발을 벗기 시작한 것은 우연이었다. 맨발로 산길을 걸으며 깨달았다. 욕심은 발에 맞지 않는 신발 이상으로 내 삶을 불편하고 위태롭게 만든다는 것을. 신발을 벗으니

발이 자유로워진 것처럼, 나 역시 욕심을 덜어내고 본질을 바라볼
수 있었다.

나는 이제 맨발로 산을 걷는다. 거친 길에서도, 차가운 흙에서도
두려움 대신 자유를 느낀다. 아버지의 발과 작은 신발은 고통과 헌
신의 상징으로 남아 있다. 하지만 나는 나의 길을 걷는다. 그리고 나
를 격려한다.
'꿈을 향해 조금씩 나아가라. 절대 네 꿈을 버리지 마라. 그것만큼
은 욕심이 아니다.'

13

신발 등산과 맨발 등산의 차이

언제든 등산로 위로 흐르는 물에 발을 담글 수 있다는 것이 맨발 등산과 신발 등산의 가장 큰 차이다. 등산 중에 만나는 계곡물에 발을 담그면 즉시 발을 타고 올라오는 상쾌함이 피로감을 덜어준다.

불수사도북 할 때 도봉산 계곡물이 4초 만에 나를 살렸다.

» 전날 내린 비로 등산로에 계곡물이 넘쳐흘렀다.
북한산 백운대로 향하던 날

신발 등산과 맨발 등산의 차이는 크게 육체적 감각과 심리적 측면, 환경적 요소로 나눌 수 있다. 우선, 육체적 차이와 내 몸의 변화는 이러했다. 신발 등산 경험상 가장 힘들었던 것은 설악산에서 공룡능선을 넘고 대청봉을 올랐다가 내려오는 당일 종주였다. 다녀와서 무릎과 허벅지가 일주일 동안 아파 어기적거렸다. 그런데 맨발 등산 후에는 이틀 쉬고 삼 일째 되는 날 심지어 뛸 수 있었다. 놀라웠다. 전에 읽었던 '맨발 달리기가 즐거워진다'의 저자가 42.195km 풀코스 마라톤을 맨발로 뛰고, 다음 날 32km를 또 뛰었다기에 그게 말이 되나 싶었다. 그런데 내가 설악산에서 맨발 등산을 직접 해봤

   맨발 걷기가 내게 알려준 것들

더니 피로 회복에 탁월했다. 왜 그럴까? 발에 대해 여러 방면으로 찾아본 결과 그 이유는 우리 발의 특성 덕분이었다. 몸 전체 206개의 뼈 중에 발에 52개, 왼쪽 발에 26개, 오른쪽 발에 26개 뼈가 모여 있다. 즉 전체 뼈의 4분의 1이 발에 모여 있다. 630개의 근육과 206개의 뼈 중에서 약 절반가량이 걸을 때 사용된다. 결국 우리 몸은 걷기가 주특기요, 고대 조상에게 물려받은 DNA로 인해 걷고 달리기에 진심이다. 걷고 달리기를 꾸준히 해야 하는 이유이기도 하다.

그런데 등산화를 신으면 발가락부터 발목 아킬레스건 종아리까지 신발 안에 함께 묶이게 된다. 뼈와 근육 등이 부자연스럽게 움직인다. 반면 내가 맨발로 돌과 나뭇가지 등등 굴곡이 있는 등산로를 걸었을 때는 발과 발목 종아리에서 허벅지까지 유기적으로 협력했다. 발바닥의 통증만 제외하고 크게 문제 될 것이 없었다.

제주도 한라산 맨발 등산할 때가 생각난다. 왕복 18km, 최소 10시간 이상 소요되는 코스였다. 등산화를 신고 시작했다. 처음 시작부터 발가락이 저리기 시작했는데 오를수록 심해졌다. 발가락에 온통 신경이 쓰이니 멋진 경치를 보는 것도 건성이었다. 내 주변에도 신발 때문에 고생하는 사람들이 보였다. 참아가며 백록담 정상에 이르렀을 때도 등산화를 벗고 싶은 생각만 가득했다. 정상에서 내려서다가 발가락이 심하게 저려서 더 이상 신고 있을 수 없었다. 통증이 심해지니 주변 사람들의 시선은 이제 더 이상 내 알 바가 아니었다.

벗었더니 너무 자유로웠다. 그해 겨울, 제주도 한라산을 내려오면서 처음으로 나는 더 이상 등산화를 신을 수 없다는 것을 깨달았다. 맨발 걷기 하면서 내 몸도 부분적으로 개선됐다. 신발 등산을 할 때는 하지정맥으로 인해 종아리 컴프레션을 필수로 착용했었다. 착용하지 않으면 등산 내내 종아리 통증에 시달렸다. 하지만 이제 더 이상 종아리 컴프레션도 무릎보호대도 착용하지 않는다.

둘째, 감각과 심리적 차이

지면의 온도, 습도, 돌의 형태, 흙의 부드러움까지 자연의 질감을 발바닥으로 세세히 느끼게 된다. 자연과 하나 되는 일체감, 자연과 온전히 연결된 듯한 해방감과 몰입감을 느끼는 경우가 많았다. 이 과정은 심리적으로 나를 살피는 성찰이 되었고 자신감으로 이어졌다. 감각적 차이에서 이 모든 것이 시작된다. 신발로부터 보호받으며 걷는다는 안정감과 신발이 주는 쿠션감을 선택할 것이냐, 맨발 걷기가 주는 상쾌함과 짜릿함 중에서 어느 것을 택할 것인가? 결국 선택의 문제다.

한 가지 덧붙이자면 맨발에서 느끼는 해방감은 단순히 신발을 벗음으로써 느끼는 편안함 정도가 아니라 위생적인 차원에서도 탁월하다.

발이 신발 속 곰팡이에서 해방된다. 신발 속 온도는 평균 46도다. 그리고 피부를 통해 배출되는 땀으로 쌓이는 습기로 곰팡이에게는 이보다 더 완벽한 서식처가 없다. 그로 인한 대표적 질환이 무좀이며 환경을 개선하지 않으면 어떤 약으로도 완치가 어렵다. 무좀뿐인가. 물집, 틈과 갈라짐, 손발톱진균증, 무지외반증, 아킬레스건염, 족저근막염이 모두 신발과 관련 있다.

셋째, 환경적인 차이

인공 소재로 만들어진 신발은 자연에 큰 부담을 줄 수 있다. 신발의 마모와 제작 과정에서 미세 플라스틱 및 기타 오염물질이 발생한다. 한때 나도 등산화, 심지어 달리기도 하기에 러닝화까지 20켤레가 있었다. 이 신발을 구매하기 위해 엄청난 공을 들였다. 신상 검색하고 후기를 읽으며 보낸 소중한 나의 시간 그리고 돈. '그 시간에 산을 한 번 더 탈 것이지.'라는 생각을 뒤늦게 했다.

맨발 등산은 인위적인 요소를 최소화하고 자연 친화적인 방식으로 접근할 수 있다. 맨발이 소비 중독에서 벗어날 수 있게 도왔다. 과소비를 멈추고 절약한 돈을 기부한다. 하지만 지속적인 맨발 등산을 하기 위해서는 발의 내구성을 기르기 위한 노력이 필요하다. 맨발 등산은 신발 등산보다 더 원초적이고 자연과 직접 교감하는 방식이지만, 신체적 위험이 뒤따를 수 있어 주의와 훈련이 필요하다는 뜻이다. 신발 등산은 편리하고 효율적이지만, 자연과의 직접적인 교감은 현저히 줄어든다. 어떤 방식을 선택하든, 자신의 신체적 상태와 목표에 따라 적합한 방법을 선택하는 것이 중요하다.

14

맨발로도 잘 달린다

'그녀의 입술이 내 입술에 닿았을 때, 모든 감각이 잠시 멈춘 듯했다. 부드럽고 따뜻한 촉감 속에서, 그 달콤한 향기까지 내 안을 가득 채우며, 세상이 온통 이 순간을 향해 밀려드는 듯했다.' 이 문장을 감각수용기와 관련해 과학적으로 해석하면 아주 밋밋해진다. 얼굴 주변의 모든 감각수용기가 피부와 입술의 압력, 온도 그리고 느껴지는 맛과 향기를 강하고 빠르게 머리로 전달한다는 뜻이다. 피부 촉각 수용체(마이스너 소체와 메르켈 디스크)가 촉각의 미세한 변화를 감지하며, 후각 수용기와 미각 수용기는 입술과 혀에서 느껴지는 화학적 자극을 감지해 달콤한 감정을 형성한다는 것이다.

이런 느낌과 감각이 입술에만 있는 것이 아니다. 우리 몸 아래쪽에도, 그것도 제일 아래쪽에도 있다. 맨발로 처음 흙을 밟았을 때, 순간 차갑고 상쾌한 촉감이 발끝에서 머리끝까지 전해왔다. 내 몸이 서서히 다시 깨어나는 기분이었다.

맨발로 걷고 달리는 경험은 단순한 운동을 넘어선다. 발바닥의 모든 감각수용기가 깨어나, 흙길의 촉감, 돌의 날카로움, 낙엽의 부드러움까지 세세히 전해 준다. 이 촉각적 교감 덕분에 나는 한국의 험준한 산들을 맨발로 오를 수 있었다.

우리 발바닥에는 수많은 감각수용기가 자리 잡고 있다. 이들은 단순히 촉각을 느끼는 데 그치지 않는다. 발바닥에 가해지는 압력, 진동, 심지어 지면의 미세한 변화까지 감지해 몸의 균형을 잡고, 효과적으로 움직일 수 있도록 돕는다. 그 감지 속도가 초당 수십만 km에 이를 정도로 빠르다는 말이 있을 정도다. 만약 이 감각수용기가 없다면, 한 걸음 한 걸음이 위태롭고 불가능할 수 있다. 감각수용기는 근육과 관절의 위치, 균형 상태 등을 뇌에 전달해 움직임을 조정하게 한다. 이 정보가 없으면 신체의 균형을 유지하거나 발을 정확하게 움직이기 힘들어진다. 근육 방추, 골지힘줄기관 같은 고유수용기가 없다면, 근육의 길이와 긴장도를 인식하지 못해 걷는 동안 적절한 힘 조절이 어려워진다.

나에게 했던 질문 중 하나가 '투수가 장갑 끼고 공을 던지는 것 봤나?'이다. 그렇다, 맨손으로 던진다. 손끝의 미세한 감각 없이는 원하는 곳에 공을 던지는 것은 불가능하다. 투수가 장갑을 끼고 공을 던지지 못하는 것처럼, 발끝이 지면의 감각을 전혀 느끼지 못한다면 우리는 쉽게 균형을 잃을 수 있다. 발바닥의 촉각이란, 마치 고도로 민감한 센서처럼 우리의 움직임을 정밀하게 조율해 준다.

» 뜨끔하고 불편한 느낌은 이 작은 가시에서 비롯됐다.

나는 자주 등산로에서 맨발로 달린다. 달리다 보면 다양한 감각을 받게 되는데 발바닥에서 흙과 돌의 차가운 정도 차이까지 느껴진다. 며칠 전 첫눈이 내리던 날 맨발 달리기할 때 왼쪽 뒤꿈치 쪽에 뜨끔한 느낌이 있었다. 잘 마치고 돌아와 잠들 무렵 그때 생각이 났다. '아 그때, 눈 속에서 무엇인가를 제대로 밟았구나!' 솟은 나무 둥치를 제대로 밟았다고 생각했다. 발바닥을 지면에 대면 뜨거운 느낌 때문에 꽤 불편했다. 다음 날 아침에도 이게 뭐지? 손으로 만지면 엄지손톱만큼 피부가 가라앉은 느낌이었다. 그런데 자세히 보니 불과 3mm 남짓이었다. 3cm도 아니고, 겨우 3mm 길이의 가시가 뒤꿈치 안쪽에 박혀 있었다.

놀라운 점은 이렇게 발이 꽁꽁 얼었던 상황에서도 분명, 발뒤꿈치에 무엇인가 영향을 준 것을 느꼈다. 그 순간 가시가 박혔던 발의 힘을 빼고 무릎을 굽히고 체중을 반대편으로 옮기고 균형을 잡았다. 그리고 그 찰나와 같은 순간에 깨달았다. 발바닥의 감각수용기가 없다면, 이런 감각을 느낄 수 없을 뿐 아니라, 몸의 균형을 잡고 빠르게 대응할 수도 없었을 것이라는 사실을. 그만큼 우리 발의 감각수용기가 예민하고 부상 예방에 큰 역할을 했다.

그래서 맨발로 달릴 수도 있는 것이다.

"맨발 걷기를 시작하는 건 어렵지 않다. 가까운 공원이나 뒷산에서 시작해 보자. 발끝으로 지면을 느끼며 걷다 보면, 발바닥이 보내는 감각적 신호에 집중하게 될 것이다. 그 순간, 자연과 뜻밖의 교감이 시작된다."

신체적 개선 효과를 덧붙이자면, 흙길 모래, 작은 돌이 깔린 등산로 등 다양한 지형을 밟으며 발과 종아리 근육을 보다 다양하게 사용하고 효율적으로 걷게 된다. 30대 이후 매년 2%씩 근육도 사라지고 감각이 무뎌진다. 해가 갈수록 걷기도 힘들어진다. 우리 몸을 골고루 사용하지 않으면 뇌는 빠르게 사용하지 않는 기능을 제거한다. 반면 맨발로 걸으면 이러한 감각수용기의 기능이 강화된다.

잘 걷고 잘 뛰면 약이 필요 없게 된다.

15

맨발 걷기는 겨울이 제맛

<첫눈과 함께 겨울 맨발 걷기로 특별한 겨울 만들기, 맨발 걷기 주의 사항>

올해도 어김없이 전국적인 눈이 내렸다. 제대로 내린 첫눈이라서 더 반가웠다. 도서관 창밖으로 펑펑 내리는 함박눈을 잠시 넋을 잃고 바라봤다. 따뜻한 커피 한잔에 집필 중인 책의 한 꼭지 '맨발 걷기는 겨울이 제맛'을 쓰던 중이었다. 눈길 위에서 맨발 걷기 했던 그 느낌이 아득했기에 잠시 자리를 박차고 동네 뒷산을 찾아갔다. 그 감각을 되살려 생동감 있는 글과 겨울 맨발 걷기 주의 사항도 쓰고 싶었다.

이미 맨발을 시작한 사람들은 겨울에도 맨발로 걷고 싶어 한다. 물론 맨발 걷기를 하는 모든 이가 그런 것은 아니다. 편안하게 안락하게 보내고 싶은 것은 누구나 똑같다. 하지만 난 춥다고, 발 시리다고 멈추고 싶지 않다. 왜냐하면 11월부터 다음 해 2~3월까지, 겨울은 아주 길다. 맨발 걷기를 멈추고 겨우내 웅크리면 추운 날 맨발 걷기가 하기 싫어진다. 더욱이 편하게 보낸 시간만큼 살이 찌고 둔해진 몸으로 다시 맞은 봄은 후회로 가득했다.

동네 뒷산 주차장에 도착했고 망설임은 없었다. 매년 겨울 맨발 걷기를 했기에 앞으로 걷고 뛰다 보면 어떤 일이 벌어질지 잘 알고 있었다. 예상대로 7분 만에 첫 번째 위기가 찾아왔다. 발이 아리다 못해 아팠다. 올해 처음 눈을 밟다 보니 그런 것이었다. 잠시 참고 걸으면 머릿속 위기감은 곧 사라진다는 것을 몸이 말해 주었다. 발이 풀리면서 다시 뛸 만해졌고 여전히 차갑지만, 평온이 찾아왔다. 그리고 정상 도착.

'아이코, 발 시려. 하하.'

출발 지점인 주차장에서 1.7km 떨어진 정상까지 17분 정도 걸렸다. 발이 시려서 정말 열심히 뛰었다. 온몸이 땀에 젖었고 심장은 터질 듯 요동쳤지만, 잠시 뒤에 마음의 여유가 생겼다.

확실히 오를 때보다 내려갈 때가 훨씬 편했다. 눈길 위에서 오르다가 남겨진 내 발자국과 다시 만났다. 발가락까지 선명하게 찍혀 있었고 발 도장은 볼 때마다 흥미로웠다. 동네 뒷산이라고 믿기 어려울 정도로 예쁘고 아름다운 숲에 들어온 것 같았다.

» 눈 덮인 동네 뒷산 등산로도 너무 예뻤다.

잠시 멈추고 감상 시간을 가졌다. 이 경관을 보면 누가 동네 뒷산이라고 생각하겠는가? 아주 먼 강원도 숲으로 눈꽃 산행 다녀왔다고 해도 믿을 것이다. 우리가 숲을 잘 지켜줘야 하는 이유 중 하나다. 맨발 걷기 덕분에 나는 지구 온난화를 가속하고 숲을 해치는 과소비를 멈출 수 있었다. 절약한 돈을 감사한 마음으로 환경단체에 기부한다.

그렇게 25분 경과, 발이 아리고 다시 한번 위기가 찾아왔다. 매년 이곳에서 40분 정도 한겨울 맨발 달리기와 맨발 걷기를 하면 위기

» 사진 하단, 눈 맞은 내 머리카락이 겨울나무와 잘 어우러졌다.

감은 세 번 정도 찾아왔다. 위기가 찾아오는 시간은 들쭉날쭉, 내 컨디션에 따라 달랐다. 눈이 덮이지 않은 솔잎 위에서 잠시 멈췄다. 발가락을 구부려 보고 만져도 보았는데 매우 차갑다는 것 빼고는 아무 이상이 없다. 주차장에 잘 돌아왔기에 산과 숲을 향해 고개 숙여 감사 인사를 올렸다. 차창에 비친 내 모습을 보니 발뿐만이 아니라 눈 덮인 내 머리카락도 겨울 산을 닮았다.

이날 놀라웠던 점은 맨발 달리기를 하려고 주차장에 막 도착했을 때 나보다 먼저 출발하는 사람이 있었다는 것이다. 장비를 잘 갖추고 등산 스틱까지 들고 등산로를 향하는 모습을 얼핏 보았다. '설마 맨발?' 긴가민가하던 순간 그 사람은 숲으로 사라졌다. 한참 오르다가 갈림길에서 나와 그 사람이 딱 마주쳤다. 나도 깜짝 놀랐지만, 그 사람은 이렇게 함박눈 속에서 또 다른 누군가 맨발로 걷는다는 것을 전혀 예상하지 못했는지 나보다 더 화들짝 놀라 했다.

웃으며 내가 말했다. "와우, 대단하십니다."

그 사람은 화답하듯 환한 미소로 "허허허" 크게 웃었다. 왠지 모를 기쁨이 찾아왔고 난 계속 정상을 향해 뛰어갔다. 정상에서 돌아오는 길에 혹시 마주치려나 했지만, 다시 만나지는 못했다. 아쉬움은 없었다. 겨울은 길다. 언젠가 이 길에서 다시 만날 날이 오겠지. 이 글을 시작할 때 내가 했던 말이 틀린 것이 아니었다. 한 번 맨발 걷기에 빠져들면 겨울에도 멈추기 싫어진다는 말이 맞았다.

'한겨울 맨발 걷기를 나만 하는 것이 아니다.'

이렇게 나는 첫눈과 함께 맨발로 뛰고 걸으며 올해 특별한 겨울을 맞이했다. 이제 회복의 시간이다. 발이 엄청난 열을 뿜는다. 물기를 닦아주고 잠시 주물러 주면 된다. 얼었던 발이 빠르게 녹는다. 우리 몸은 스스로 회복하는 능력이 있다. 항상성이다. 심지어 점점 더 좋아지는 가소성도 있다. 마치 내가 겨울 맨발 걷기, 맨발 달리기 거리와 시간이 점점 늘어났던 것처럼. 머릿속 망설임, 위기감과 갈등은 빠르게 사라지고 어떠한 환경에서도 평온해질 수 있던 것처럼. 첫눈과 함께 겨울 맨발 걷기는 시작일 뿐이다. 나는 봄, 여름, 가을, 겨울, 사계절 자유를 느낀다. 특히 겨울에 맨발로 걸으면 웅크림에서 벗어나게 되고 자유로움은 극대화된다. 내년 봄 새순이 돋고 숲이 신록으로 물들 때까지, 나는 오늘처럼 맨발 달리기를 멈추지 않을 것이다.

**북한산, 치악산, 동네 뒷산 겨울 맨발 걷기 경험을 바탕으로 정리한
겨울 맨발 걷기 주의 사항 3가지 Tip**

1. 따뜻한 복장, 신발, 양말, 장갑도 챙겨서 맨발 걷기를 시작하세요.
   (혹시 겨울 맨발 걷기용 양말을 구매하셨다면 잘하셨어요. 도움이 될 테니까요.)

2. 초심자는 오래 걷지 않기

서 있다가 조금 걷다, 시리면 양말 신고 만져주고, 아리면 신발 착용. 그렇게 서서히 반복하며 늘려가세요. 날은 춥고 발바닥도 엄청 차가워서 몸에 힘이 들어가고 웅크리게 됩니다.

자칫 다음 날, 오히려 몸도 뻐근하고, 무리했다면 몸살 날 수도 있어요. 멈출 줄 아는 것도 용기입니다. 남과 나는 모든 면에서 다릅니다. 비교할 필요가 없어요. 남과 비교는 도움이 1도 안 됩니다. '천천히, 조금씩, 꾸준히' 절대 처음부터 맨발 걷기를 오래 할 필요 없어요.

분명한 것은 꾸준히 운동하면 모든 면에서 조금씩 좋아지고 강해집니다. 나이와 관계없이 성장합니다.

3. 건강이 안 좋은 분은 겨울 맨발 걷기 하지 마세요.

시작부터 심장이 아주 빠르게 뜁니다. 평소 유산소 운동을 충분히 하지 않았거나 건강이 안 좋은 분은 절대 하지 마세요. 매우 위험할 수 있어요. 습관성 염좌, 발목 손상, 퇴행성 관절염, 혈액순환 장애, 당뇨 등의 환자는 무리한 맨발 운동을 피하는 것이 좋습니다. 그리고 겨울 맨발 걷기 후에는 보습 로션 잘 발라주세요. 발바닥이 갈라지면 못 걷습니다.

16

맨발 걷기의 핵심은
어싱(Earthing)만이 아니다

맨발 걷기의 건강 효과를 이야기할 때, 어싱(Earthing)은 빠질 수 없는 주제다. 그러나 불치병도 낫게 해준다는 어싱만이 핵심일까? 맨발 걷기를 둘러싼 가장 큰 논란이 바로 여기에 있다. 어싱이 맨발 걷기의 대표적인 건강 효능이며 가장 중요한 핵심인 듯 말하는 경우가 있기 때문이다. 이유인즉, 우리 몸의 활성산소가 염증, 암 등을 유발하는 각종 질환의 원인인데, 양전하를 띠는 활성산소를 음전하가 풍부한 지구 지표면에 직접 맞닿게 맨발로 걸으면 중화되고 활성산소가 줄어든다는 주장이다. 지구와 몸을 연결한다는 의미로 '어싱(Earthing)'이라고도 부른다. 혈액순환 촉진, 염증 완화, 면역력 강화 등 다양한 효과가 보고되었으며, 미국 피츠버그 대학교 제임스 오슈만 박사는 2015년 3월 이를 뒷받침하는 연구 결과를 발표하기도 했다. 하지만 이런 주장이 과학적 근거가 부족하다는 비판도 있다.

어싱(Earthing)은 맨발로 땅과 직접 접촉하거나, 자연적으로 전도성이 있는 소재로 지면에 연결되는 행위를 말한다. 신체와 지구의 전자적 균형을 맞춘다는 것을 의미한다. 각종 자료를 통해 알아본 어싱의 주요 효과에 대한 주장은 이렇다.

1. **염증 완화**: 어싱은 몸에서 발생한 자유 라디칼(활성산소)을 중화시켜 염증을 줄이고, 회복과 치유를 촉진한다.
2. **스트레스 완화**: 지면과의 접촉이 신경계를 안정시키고, 스트레스 호르몬인 코르티솔 수치를 낮춘다는 연구 결과가 있다.
3. **수면 개선**: 접지를 통해 생체 리듬이 조율돼 숙면에 도움이 될 수 있다는 보고가 있다.
4. **혈액순환 개선**: 지면에서 전자를 흡수하면 혈류가 원활해지고, 혈압 조절에 긍정적인 영향을 미친다고 한다.

하지만 과학적 관점에서 평가해 보면 어싱에 대한 연구는 아직 초기 단계다. 많은 주장이 과학적으로 명확히 검증되지 않았다. 일부 연구 결과는 긍정적인 효과를 제시하지만, 이들 연구는 종종 소규모로 이루어졌다. 반복 실험에서 동일한 결과치를 확인 못 한 경우도 있다. 3년 넘게 맨발 걷기를 통해 내가 얻은 결론은 어싱의 효과를 받아들일 때 과학적 근거와 개인적인 체험 간의 균형을 유지하는 것이 중요하다는 것이다. 어싱의 효과가 최고의 가치인 듯 한쪽으로 치우치면 안 된다.

자연과의 접촉으로 심리적 안정감을 얻거나, 맨발로 걷는 과정에서 몸의 감각이 깨어나고 자연과의 연결성을 느끼는 것은 누구나 체감할 수 있는 긍정적 경험일 수 있다. 특히 자연 속에서 걷거나 시간을 보내는 행위 자체가 스트레스를 줄이고, 전반적인 건강에 기여할 수 있기에 큰 부담 없이 시도해 볼 만한 가치가 있다. 이는 주로 건강과 웰빙에 긍정적인 영향을 주는 대체의학적 개념이다. 나 역시 맨발 걷기를 처음 접했을 때, 어싱의 놀라운 효과에 매료됐다. 그러나 시간이 지나면서 깨달았다. 숲속을 걷는 동안 맑아지는 마음과 내 몸에 집중하며 느끼는 평온함이야말로 진정한 치유의 원천이 아닐까.

어싱의 효과가 어느 면에서는 과장됐을 수 있지만, 맨발 걷기의 진정한 가치는 누구나 느낄 수 있다. 발끝으로 땅을 느끼며 천천히 걸어보면 알게 된다. 대지에 맨발을 딛고 일서서는 그 순간, 자연과 하나 되는 경험을 할 것이다. 우리는 한 사람 한 사람 모두가 다르다. 유전적, 환경적 요인이 같은 사람은 한 명도 없다. 그리고 개인의 건강은 특정 이론에만 의존하지 않는다. 나만의 방식으로 자연과 교감하는 것이 제일 중요하다.

어싱이든 맨발 걷기든, 그것을 통해 몸과 마음이 회복된다고 믿는 것(플라세보 효과) 자체가 긍정적인 변화를 일으킬 수 있다. 결국, 그 행위가 어떤 이름이나 이론으로 설명되든 개인이 느끼는 심리적, 신체적 긍정 효과를 일으키는 것은 분명하다.

맨발 걷기는 이런 면에서 단순히 지면과의 전자적 접촉을 넘어 더 많은 가치를 담고 있다고 생각한다.

첫째, 감각을 깨운다. 맨발로 걷는 동안 발바닥의 촉각이 자연의 변화를 세밀하게 느끼게 해 감각을 깨운다.

둘째, 몸의 균형 회복. 자연스러운 보행 자세와 발의 움직임이 몸 전체의 균형과 근력을 개선한다.

셋째, 자연과의 연결. 흙, 잔디, 물 등을 직접 느끼는 경험은 심리적 안정감과 자연과 내가 하나 됨을 일깨워 준다.

결국, 맨발 걷기에서 얻는 다양한 이점들은 어싱이라는 특정 이론을 초월해서 훨씬 더 풍부한 경험으로 다가올 수 있다. 숲에서 걷기 때문에, 더 건강해지는 것이다. 걷기의 효능은 남녀노소 누구에게나 논란의 여지 없이 적용될 수 있다.

17

숲에서 뛰면 좋은 것들

숲에서 맨발 걷기는 강변 달리기와는 전혀 다른 경험이었다. 차갑고 단조로웠던 강변의 아스팔트 길 대신, 숲에서는 걸음마다 흙, 풀, 돌 그리고 낙엽의 감촉이 발바닥을 자극하며 자연과 한층 더 가까워지는 기분을 느낄 수 있었다. 이곳에서는 속도와 거리를 신경 쓰기보다는 발걸음 하나하나에 집중했고, 그 과정에서 마음이 한결 차분해지는 것을 느꼈다. 숲에서 맨발로 걷고 뛰면 얻을 수 있는 이 특별한 혜택들을 나누자면 다음과 같다.

속도와 거리 욕심에서 자유로워지다.

숲에서 달리기 전, 무모하게 하프마라톤에 도전한 적이 있다. 21km를 한 번도 뛰어본 적 없으면서 뛸 수 있다고 확신했다. 충분히 준비도 하지 않았고 욕심을 부려 달리려다 보니 마지막 3km는 온 힘을 다해 간신히 버텼다. 레이스 막바지에는 빨리 이 길고 긴 마라톤이 끝나기만을 바랐다. 21.12km 하프마라톤을 뛰었다는 성취감은 결승점을 통과하는 순간 사라졌고 행복감은 없었다. 결국 집으로 돌아와서 밤새도록 끙끙 앓았다. 이날의 경험으로 나는 거리와 속도에 대한 욕심이 치명적인 부상을 일으킬 수 있다는 사실을 새삼 깨닫게 됐다. 그 후로 숲에서 달리기를 시작하면서 자연스럽게 이러한 부담감에서 벗어날 수 있었다. 경사진 곳에서는 속도를 늦추거나 걷고, 길이 평탄해지는 능선이 나오면 힘차게 뛰었다. 숲의 리듬에 맞춰 걷고 달리며 내 몸도 편안함을 되찾았다. 숲은 무작정 달리기만을 요구하지 않았다. 그저 내 발이 딛는 순간을 느끼며 가볍게 꾸준히 나아가는 법을 가르쳐주었다.

비 오는 날에도 자유롭게 뛰다.

러닝화로 달리기하던 때는 신발이 축축하게 젖는 것이 싫어서 비 내리는 날은 달리기를 피했다. 숲에서는 오히려 비 오는 날이 기다려졌다. 비 오는 날 맨발 걷기 초반에는 두 가지 대조적인 느낌이 강했다. 고운 흙이 빗물에 가라앉은 등산로는 맑은 날보다 발바닥이 조금 더 까슬거렸지만, 빗물이 고여 있던 곳은 고운 흙이 진흙으로 변해 매끄러운 촉감으로 가득했다. 부드러운 진흙을 두 발로 꾹꾹 눌러 '발 도장 찍기' 놀이도 해봤다. 발가락과 발바닥 아치가 선명하게 드러난 발자국을 보며 나도 모르게 신기해하며 웃었다. 고인 물

 맨발 걷기가 내게 알려준 것들

위에서 아이처럼 찰박거리며 내 안의 동심을 잠시 불러내 보기도 했다. 어릴 적 친구들과 비 맞고 걷던 날이 떠올랐다. '함박 웃던 그때 그 친구들은 모두 어디로 갔을까?' 순간 울컥해지는 마음을 고인 빗물에 첨벙첨벙하고 짓궂게 떠나보냈다. 그렇게 어린애처럼 소소한 즐거움에도 눈을 떴다.

젖은 낙엽 위는 세상 어떤 양탄자보다 폭신했다. 신선함이 온몸을 감쌌고 기분 좋은 해방감을 가득 안겨주었다. '상쾌함이란 이런 것이다.'라며 온몸으로 느껴보라고 숲이 말하는 것 같아서 쓰고 있던 우산을 접었다. 내리던 빗방울에 흠뻑 젖은 등산로 위로 나도 따라 흠뻑 젖었다. 뮤지컬 영화 Singin' in the rain의 진 켈리처럼 비를 타고 노래를 흥얼거리며 걷는 기분은 자유 그 자체였다. 비가 오면 맨발 걷기가 더 하고 싶어졌고 늘 그렇듯이 시작부터 전해지는 시원한 촉감에서 자유로움까지, 내 안의 기분을 한껏 끌어올려 주었다. 비 오는 날 맨발은 마냥 자유로웠다. 비가 와도 뛸 수 있고 마음껏 걸을 수 있으니 신발이 젖을까 봐, 뛸까, 말까 고민하던 커다란 마음의 장벽이 사라져 버렸다. 오늘도 나는 비 오는 날을 기다린다.

계곡물에 피로를 씻고 에너지를 충전하다.
여름 숲에서 달린 뒤, 계곡의 차가운 물에 발을 담그면 무릎과 발이 시원하게 식었다. 마치 작은 충전소에 들른 듯, 이 시간을 통해 피로가 싹 가시는 기분이 들었다. 자연의 에너지가 내 몸 안으로 스며드는 느낌이었다. 한여름 치악산 정상을 계곡 길 방향으로 오른 적이 있다. 시작부터 끊임없이 흐르는 계곡물 소리에 반대편 메마른 능선 길보다 훨씬 풍요로운 느낌이었다. 치악산 산책로에서 숲의 이로움 중의 하나를 설명한 표지판이 생각났다. 여기 높고 낮은 폭포수에서 방출된 음이온은 내 호흡을 통해 온몸 깊숙이 스며들고 우리 몸 안의 활성산소를 제거해 준다고 적혀 있었다. 자연이 주는 특별한 치유가 시작되었음은 가슴속까지 스며든 신선한 공기가 충분히 말해 주었다. 종종 내가 무더위에 치악산처럼 가파른 산을 오른다고 하면 주변 사람들로부터 더위 먹는다고 하지 말라는 소리를 듣곤 했다. 하지만 이 길을 한 시간 정도 오르면 등산로 위로 계곡물이 넘쳐흐른다. 그 작은 물줄기에 발을 담그면 채 1분도 지나지 않아 '아이고, 발 시려.' 소리가 절로 나온다는 것을 그들은 전혀 몰랐던 것이다. 이 계곡 길 안에서 나는 여름을 완전히 잊을 수 있었다. 등산 도중 맨발이기에 가능한 이런 짧고 강렬한 휴식은 정상까지 다시 힘차게 오를 힘을 되살려 주었다. 그런 나에게 산은 여유롭게 오르라며 빠르게 오르려는 나의 욕심을 내려놓게도 했다. 산과 숲은 늘 우리에게 풍요로움을 만끽할 기회를 주고 스스로 치유하는 삶을 일깨워 준다. 맨발로 숲을 걸으면 이 모든 혜택을 확실히 누릴 수 있다.

사계절이 내 모든 감각을 깨우다.

내가 달리기하던 강변은 대도시를 흐르는 강가와 달리 인적이 드물고 고요했다. 해 질 무렵 유유히 흐르는 남한강을 따라서 달릴 때는 그 고요함에 빨려드는 느낌이 들 때도 있다. 붉은 석양 노을이 내 발끝으로 드리워질 때 나는 달리기를 멈추곤 했다. 산과 들, 강과 내가 하나의 수채화처럼 물드는 순간 나는 적막감을 다시 배웠다. 하지만 사람의 마음은 간사하다고 했던가. 유유하게 흐르는 강변의 고요함이 좋았었는데 언젠가부터는 그 적막감이 나의 발걸음을 무겁게 하는 것처럼 버거워졌다. 한여름 태양 아래 힘겹게 강변 달리기를 마친 날, 3년을 달리며 정들었던 이 강변을 곧 떠날 것을 알았다. 이별을 생각하면 바람결에 나뒹구는 낙엽을 바라보는 것처럼 마음 한구석이 서글퍼졌기에 새롭게 마음 붙일 곳을 찾아야 했다. 이런 나의 마음을 숲이 받아주고 길을 열어주었다.

내가 숲을 만난 것은 초여름이었다. 여름 숲은 짙고 푸르른 나무들이 제공해 주는 그늘이 있어서 휴식하는 이들도 많았다. 숲은 사계절 분주했다. 바람이 스치는 소리를 나무가 전해 주었고 새들은 자기가 가진 최고의 노래를 나에게 선사해 주었다. 잠시 멈춰 듣다가 문득 혼자지만 혼자가 아니라는 것이 반가웠다. 주변은 생기가 가득했기에 나도 이곳에 함께 존재하며 숲과 좋은 에너지를 서로 주고받을 수 있겠다는 생각이 들었다. 봄, 여름, 가을, 겨울, 계절에 따른 숲의 변화는 나의 감각을 깨우고 내 삶을 풍요롭게 만들었다. 봄이면 겨우내 얼었던 땅이 녹으면서 질퍽거렸지만, 길 따라 작고 푸릇한 잎이 땅을 뚫고 올라오는 것을 보며 나도 새 삶을 부여받는 것 같았다. 반가움에 새싹이 쑥쑥 커가기를 기원했다. 여름 숲은 풍성함으로 커져만 갔고 나도 그 안에서 함께 성장했다. 가을 어느 날, 정상까지 힘차게 뛰어오르고 돌아오는 길에서 빠르게 저물어 가는 태양을 발견하고 내가 말했다. "태양 씨, 좀 빠른데? 그런데 나도 제법 빨라. 열심히 따라와야 할 거야. 뛰어!" 그렇게 석양을 뒤로하고 천진난만한 아이처럼 신나게 뛰었다. 가을 따라 내려앉던 내 마음을 또 다른 활력으로 채울 수 있었다. 겨울 숲은 살을 도려내듯 불어대는 바람과 얼음으로 냉기가 가득할 것 같지만 사실은 더 아리도록 차갑다. 가을 서리가 내리고 모든 나무가 앙상한 가지를 드러냈을 때 나는 산으로 가서 맨발의 겨울을 준비했다. '냉정하게 싸늘하다가 따가울 만큼 차갑다가 아픔처럼 시리다.' 겨울이 깊어갈수록 발바닥으로 전해지는 냉기는 더욱 강렬해졌다. 한번은 강한 찬바람에 더 추운 날이 될 것이라는 일기예보에도 겁도 없이 맨발로 걷고 달렸다. 그날 나는 등산로의 냉기가 발등을 뚫고 올라오는 것이 어떤 느낌인지 알았다. 사람들의 우려와는 다르게 동상에 걸리지 않았다. 힘겨웠지만 고통을 넘어선 순간 나에게 겨울은 더 이상 웅크리고 움직임을 멈추는 시간이 아니었다.

'맨발 걷기의 참맛은 겨울에 있다.'

　10월의 마지막 날이면, 나는 겨울 맨발 걷기를 설레는 마음으로 준비한다.

　사계절을 숲에서 맨발로 걸으며, 그 길 위에서 숲이 내게 선물해 준 감각들은 내 삶을 채우고 넘치게 했다. 숲이 준 강인한 차가움과 따스한 온기, 잔잔한 평온함과 다채로운 활력이 내 몸과 마음 깊숙이 스며들었고, 나 또한 숲처럼 성장하며 내면의 평화를 되찾을 수 있었다. 이제 나는 다시, 내 앞에 펼쳐질 사계절을 기대하며 숲길을 떠올린다. 숲이 나를 부르고 있다. 자연과 함께하는 이 여정은 앞으로도 나를 자유롭게 하고, 무한한 가능성을 열어줄 것임을 믿는다.

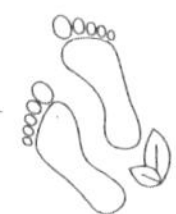

18

북한산 맨발 등산

– 미친 거 아냐?

일주일 넘게 앉아서 일에만 몰두하다가 몸과 마음의 휴식을 위해 북한산을 찾았다. 백운대를 향하며 그간 쌓였던 모든 스트레스가 날아가는 찰나, 생전 처음 보는 어떤 중년 여성에게서 "미친 거 아냐?"라는 말을 들었다. 그 중년 여성의 말은 내 기분을 일순간 바닥으로 곤두박질치게 했다. 누구에게라도 이 기가 막힌 기분을 털어놓고 싶어 등산을 마칠 무렵 친구에게 전화를 걸었다.

"오늘 기분도 꿀꿀한데, 순댓국에 쐬주 어때?"

친구는 기다렸다는 듯 바로 승낙했다.

"그래, 좋지! 근데 날이 이렇게 좋은데 왜 기분이 꿀꿀해?"

"어떤 여자가 나더러 미친 거 아니냐고 그러잖아."

순댓국집에서 친구와 소주를 주고받으며 아까 있었던 일을 이야기했다.

처음 시작은 유쾌하기까지 했다. 아름다운 산과 숲, 그리고 북한 산을 향해 오르는 등산객들의 밝은 모습을 보면 나도 따라 흥겹고 설렘이 시작되기 때문이었다. 계곡물 소리를 들으며 걷다 보니 내 안의 새로운 기운이 살아났다. 곧 본격적인 등산로 시작점 '들머리'에서 좋아하는 맨발 등산을 시작했다. 11월의 등산로 바닥은 차가웠고 냉기가 발바닥에 그대로 전해졌다. 그래도 걸을 만했기에 '큰 문제는 없겠네.' 하고 있는데 하산하던 중년 여자 등산객이 나를 위아래로 쳐다봤다. 그 여자가 내 옆을 지나치는 순간 "미친 거 아냐?"라는 소리가 들렸다. 뒤이어 "자기야, 저기 봐. 저 사람 맨발이야."라는 말도 들렸다. 내가 잘못 들었나 싶었고 순간 당황스러워 바로 뒤돌아섰다. 일행으로 보이는 남자와 눈이 마주쳤는데 그는 아무 말 없이 내 시선을 피했다. 여자 등산객은 아무렇지 않은 듯 구시렁대며 열심히 내려가고 있었다.

내 이야기를 듣던 친구가 물었다.
"확 그냥, 그래서 너는 뭐라고 했는데? 뭐라고 한마디 하지!"
"나도 처음에는 욱했다가, 이렇게 좋은 곳에 와서 저런 사람 때문에 내 감정을 소비하는 것이 아깝다는 생각이 들어서 참았지."
소주잔이 또 마주쳤고 친구가 내 심정을 대변하듯 말했다.

"야! 그래도 그렇지. 말이라는 것이 주워 담을 수 없는 것인데, 할 말이 있고 안 할 말이 따로 있지. 요즘같이 험한 세상에 더 입조심해야 하는 것 아냐? 에이, 한마디 했어야지."

당연히 나도 한마디 쏘아붙이고 싶었다. 산을 향해 몸은 돌아섰지만 처음 본 사람의 무례한 말에 마음이 저절로 온순해지지는 않았다. 한번 치밀어 오른 불덩어리 같은 것이 쉽게 내려가지 않더니 온갖 생각이 다 들었다. 그래서 최근 이곳 북한산에서 40km가 넘는 맨발 종주 산행할 때 마주친 사람들의 반응이 어땠는지 생각해 봤다. 분명 힘내라고 응원해 주는 사람이 많았고 나와 대화를 나눈 등산객들은 맨발 등산을 시작하고 싶다고도 했다. 누군가 나의 맨발 모습에 무관심한 것이야 그럴 수 있다지만 "미친 거 아냐?" 이 말은 도저히 이해도 안 되었고 그 한마디가 점점 나를 지배하고 마음을 흔들어 놓기 시작했다. 그러다 결국 '어디 오늘 누구든 걸리기만 해봐라!' 복수하고 싶은 생각으로 온통 부글부글했다. 이 지저분한 생각을 빨리 떨쳐낼 방법을 찾아야 했다.

이 상황을 듣고 나보다 더 열을 내던 친구와 한 잔 두 잔 마시다 보니 소주 한 병으로 부족했다. 친구가 한 병을 더 시켰다. 식당 TV에서 '강철부대'가 나오고 있었다. 분위기를 바꿔볼까 싶어서 내가 말했다.

"와우! 저 몸들 좀 봐라. 오우, 저 복근 멋지지 않냐?"

친구의 대답이 돌아왔다.

"그래도 한마디 했어야지!"

심리학 이론 중에 '걷어차인 고양이 효과'라는 것이 있다. 내용은 이렇다. 갑자기 화가 난 A가 B에게 화를 내고 영문도 모르고 당한 B는 C에게 화를 내고, C는 억울해서 또 다른 D에게 화를 낸다. 역시나 이유도 모르고 당한 D는 몹시 기분이 나빠져서 옆에 있던 고양이를 발로 걷어차게 된다는 것이다. 이런 부정적 감정은 매우 빠르게 주변으로 번져가고 엉뚱한 희생자를 만들기도 하며 결국 화를 낸 본인 자신에게도 해롭다는 이론이다. 그 말이 백번 맞다. 이 좋은 날 이런 악감정에 휘둘리면 분명 나에게 후회할 일이 생길 것을 알지만 생각과 달리 쉽게 빠져나오기 힘들었다.

어느새 식당은 손님들로 가득 찼다. 순댓국도 싹 비우고 마지막 잔을 남겨 두었다. 그런데 종일 떨쳐버리려고 했던 "미친 거 아냐?"를 또다시 만났다. 거친 숨소리 촉박한 시간을 알리는 음성이 식당 TV 속에서 흘러나왔다. 나와 내 친구, 옆 테이블 손님들도 어느 순간 TV 프로그램 '강철부대'에 시선이 고정됐다. 강철 부대원들이 심하게 흔들리는 난파선 위에 힘겹게 올라갔다. 80kg이 넘는 캐리어를 갑판 밑 격실에서 꺼내오는 '미션'이었다. 대원들이 계단을 내려가 격실에 빠르게 진입했다. 여전히 심하게 흔들리는 난파선 격실 테이블 위에 놓인 무겁고 커다란 캐리어가 보였다. "서둘러! 서둘러!” 이 외침이 퍼지자 식당에 정적이 흘렀다. 그런데 놀랍게도 부대원 한 명이 그 크고 무거운 캐리어를 보자마자 혼자서 들어 올리려고 했다.

순간,

“에엥, 미친 거 아냐.”

친구가 웃는 얼굴로 나에게 한마디 했다.

“풉! 너도 그 소리 하네!”

“어? 내가?”

나도 모르게 튀어나온 “미친 거 아냐?”라는 말은 그저 사소한 말실수이거나, 누구나 겪을 수 있는 순간적인 반응임을 깨달았다. 일부러 시간 내서 찾아온 행복한 곳에서 마주한 예상치 못한 상황, 이렇게 누군가 아무 생각 없이 한 말에 욱하고 다른 사람에게 분풀이하지 않아서 다행이다.

‘나의 소중한 하루를 잘 지켜내서 다행이다.’

19

공룡능선 맨발 등산 PART 1.
– 미친 거 아냐!

"미친 거 아냐?" 북한산에서 처음 들었던 말처럼 말꼬리를 올리면 놀람과 의아함을 담은 욕이 된다.

"미친 거 아냐!" 내가 지금 말하는 것처럼 말꼬리를 내리면 차분한 나의 이야기가 된다.

맨발 등산하면서 "미친 거 아냐?"라는 말을 북한산에서 처음 들었던 날. 그것도 처음 보는 여성이 내뱉은 이 말에 순간 황당했었지만, 그 여성은 내가 맨발 걷기에 정말 얼마나 미쳤는지 잘 모르고 한소리였다. 내 삶에서 무엇인가에 제대로 미쳐본 것이 맨발 등산이었다. 경험도 제법 쌓였겠다, 맞짱 뜰 상대로 아주 강한 상대를 골랐는데 바로 설악산 공룡능선이었다. 설악산 등산 코스 중에서도 가장 난이도가 높다고 알려져 있고 경험 많은 등산인에게도 인기가 높았다. 공룡능선은 설악산의 대표적인 능선 중 하나로, 독특한 형상의 바위들이 마치 공룡의 등뼈를 연상시키는 모습 때문에 이름이 붙여졌다. 길게 이어진 험준한 능선과 거대한 바위들이 마치 살아 있는 생물처럼 보이기도 한다. 웅장하면서도 신비로운 분위기가 가득한 곳이다. 나는 비선대를 시작으로 마등령을 넘고 1,275봉, 신선대를 거쳐 천불동 계곡으로 한 바퀴 순환하는 코스를 택했다. 길이는 약 22km에 이르고, 오르락내리락 누적 상승고도는 2,700m가 넘는다. 바위가 많고 난간 로프를 타는 등 가파른 구간이 많아 체력과 인내가 필요하다. 그만큼 눈앞에 펼쳐지는 웅장한 절경과 설악산의 자연미가 땀과 노력을 보상해 주는 곳이다.

드디어, 설악산 공룡능선이 어렴풋이 보이는 속초 해수욕장에 왔다. 해변을 거닐며 결전 의식을 치르듯 설악산을 바라봤다.

D-day는 내일 새벽이다. 날씨는 정말 기가 막히게 깔끔하다. 뭉게구름만 두둥실 떠 있고 내일도 쾌적하고 말끔한 날이 될 것이라는 일기예보를 보는 듯하다. 이곳에서 설악(雪嶽山, Seoraksan, Mt. Seorak)을 바라보는 것은 3년째다. 더위 걱정 없어서 좋다. 도심 속 우리 동네는 한낮에 이미 30도를 넘나들지만, 강원도 깊은 산골은 아직 여름을 말하지 않는다. 이곳에서 여름은 아직 먼발치에 와 있을 뿐이다.

특히 공기를 비교하자면 지금 여기서 들이마시는 공기는 쌓여 있던 폐 속의 낡은 세포를 하나하나 뽑아내고 새 생명을 부여받는 느낌을 준다. 에어컨은 필요 없다. 발코니 창문을 열어두면, 시원한 바람이 제멋대로 들어왔다 나가는 것이 보이는 듯하다. 내 주변 사람들에게 5월에 공룡능선을 넘을 것이라고 하면 "대청봉 오르는 것보다 더 힘들다는데 거기를 뭐 하러 가?" 하며 걱정부터 앞세운다. 그러나 그들은 전혀 알지 못한다. 대청봉 정상에서 입구 매표소까지 부드럽게 불어오는 새벽 산골바람의 살랑임에 5월의 설악이 얼마나 상쾌한가를. 라이트 불빛 하나에 의지해 오르다가 비선대(본격적인 산행의 시작점, 일명 들머리) 불빛에 가슴 벅차게 설레는 기분을. 이 출발점이 얼마나 행복한 기분으로 가득 채워주는지 내 주변 사람들은 알지 못하는 것이다.

간단히 저녁 식사를 마치고 공룡능선의 3구간을 다시 떠올려 봤다. 비선대에서 마등령 삼거리 구간, 마등령 삼거리에서 신선대, 신선대에서 천불동계곡을 거쳐 비선대까지 하염없이 길게 느껴지는 하산길. 몇 시간 뒤 마주할 비선대에서 마등령 삼거리까지는 고개를 바짝 쳐들고 보아야 길이 보이는 급경사 구간이다. 등산로 안내도에서 가장 어려운 경로를 뜻하는 검은색으로 표시되어 있다. 산 좀 타봤다는 사람들 얘기를 들어보면, 공룡능선 전체 구간에서 여기 마등령 구간이 제일 어렵다. 또 다른 이는 공룡능선의 주 능선이자 공룡의 등뼈 같은 마등령에서 신선대까지가 가장 힘들었다고 했다. 다른 어떤 이는 긴 하산길이 너무 괴로웠다고도 했다. 그렇다면 만만한 구간은 하나도 없다는 뜻이다. 설악산 공룡능선을 맨발로 넘겠다는 결심 이후, 매주 거르지 않고 산을 탔다. 치악산을 맨발로 하루 두 번 오른 날도 있었다. 사다리병창길로 정상에 오르고 반대편 길로 내려왔다가 다시 정상에 오르는 식으로 꼬박 7시간을 맨발로 걸었다. 공룡능선은 등산화를 신고 두 번 넘어보았었기에 지금 나에게 무엇이 필요한지는 잘 알고 있었다. 하지만 이전 경험과 다른 점은 올해는 맨발로 걷는다는 점이었다. 우선은 맨발로 걸을 수 있는 거리를 늘려갔다. 어둠 속에서 혼자 숲속을 걷는 것을 정말 싫어하지만, 라이트를 켜고 묵묵히 걷는 연습을 했다. 무엇보다도 맨발 경험이 더 필요했기에 매주 할당 거리를 채웠다. 내가 지금 공룡능선을 걷고 있다고 가정하고 걸으면 맨발은 험한 길에서 더 느리다는 것을 알 수 있었다. 더딘 발걸음으로 공룡능선에서 석양을 만난다면, 이곳을 빨리 빠져나가야 한다는 압박감이 들 것이 뻔하고 그 조급함에서 벗어날 수 있어야 했다. 그 해결책으로 보행 속도를 높여야 함은 분명했다. 동네 뒷산에서 한 시간씩 뛰는 연습을 했다. 하지만 맨발로 뛰다 보면 다치기 일쑤였다. 나무 둥치에 발이 걸리는 순간 발가락이 까지고 피가 흐르면 아픈 것은 차치하고 '내가 왜 이러고 있나.' 한숨이 나오기도 했다.

'발가락이 부러진 것은 아니니 다행이다.'라고 생각하며 절뚝거

 맨발 걷기가 내게 알려준 것들

리면서도 끝까지 뛰었다. 누구와 경쟁하기 위한 싸움이 아니었다. 특히 보행 속도를 일정하게 유지하는 데 가장 힘썼다. 마라토너도 아마 비슷할 것이다. 계속 꾸준히 내딛는 것. 장시간 계속 움직이는 데에는 일정한 리듬을 타는 것이 정말 중요했다. 리듬을 탈 줄 알게 되면 그 이후로는 어떻게든 해낼 수 있었다. 그렇지만 리듬에 올라타기 전까지는 나를 숨이 벅차게 밀어붙여서 탄력을 받아야 한다. 탄력을 받으면 자연스러워진다.

하지만 이러한 연습도 무력하게 만든 존재가 바로 마등령이었다. 마등령을 오르다가 뒤돌아보면 국립공원 제1 비경을 담고 있는 설악산답다는 것이 바로 느껴졌다. 칼로 자른 듯 거대한 수직 절벽이 줄을 서 있었다. 그 위로 비바람 맞은 세월만큼이나 파이고 깎아진 바위들이 주름진 얼굴을 하고 서로 다른 곳을 바라보며 앉아 있었다. 어떤 바위는 나를 근엄하게 내려다보고 있는 것 같아 무게감이 느껴졌다. 장관이라는 말 이외는 떠오르지 않았다. 하지만 발바닥은 그간 연습이 무색할 만큼 힘겨워했다. 맨발 걷기를 시작하고 1시간 만에 지금까지 겪어보지 못한 발바닥 통증을 맛봤다. 악전고투(惡戰苦鬪)는 나를 두고 하는 말이었다. 바위와 바위 사이에 한 사람이 겨우 지나갈 만한 틈이 있었다. 바닥은 회색빛 자수정 덩어리처럼 길쭉하고 날카로운 암석들이 창을 든 수문장처럼 나를 가로막았다. 함부로 접근하지 말라고 붙여놓은 출입구 경고문 같았다.

» 감히 네가!

 맨발 걷기가 내게 알려준 것들

'환영한다! 그 경계선을 넘어서는 순간, 후회하도록 만들어 주마.'

공룡능선을 사수하는 수문장 마등령이 나에게 첫 번째 경고를 보내는 것처럼 섬뜩했다. 하지만 난 두려움보다 자연에 순응하고 설악산의 메시지를 세상에 전하겠다는 뜻으로 합장했다.

'제발 저를 받아주세요. 조용히 지나가도록 허락해 주세요.'

간절한 기도를 했다. 이 경계선을 넘어서면 바로 지옥으로 기어들어 간다는 것을 알고 있었지만 벌써 포기하고 신발을 신기는 싫었다. 기도를 마치고 좌측을 바라보니 넘어야 할 공룡능선 일부가 보였다. 그리고 더 높은 곳에 대청봉도 보였다. 순간 홀린 듯 그 경계를 넘었다. 후회하게 만들어 주겠다는 마등령의 경고는 괜한 으름장이 아니었다. 이 길은 중간에 빠져나가는 길이 없다는 면에서는 단순하다. 계속 오르거나 포기하고 돌아가거나 둘 중 하나다. 등산화 신고 오를 때는 이 길이 이렇게 날카롭고 찌르는 돌길이라는 걸 잘 몰랐다. '아휴, 미치겠다.' 등산 스틱을 펼쳐 의지해 보았지만, 발바닥이 편안해지지 않았다.

'와, 날카롭다.'라고 구시렁거리는 것 말고는 할 수 있는 것이 없었다. 출발 지점에서 2시간 경과, 600m 올라왔을 때 두 번째 고비가 왔다. 이것저것 챙기다 보니 배낭이 너무 무거워 어깨를 짓누르기 시작했다. 그 무게를 고스란히 발바닥이 감내하고 있음이 느껴졌다. 완주할 수 있을까 처음으로 의문이 들었다.

동전만 한 돌부터 손바닥만 한 돌까지 등산로에 끝도 없이 깔려 있었다. 이 돌들은 크기만 다를 뿐 모두 바짝 날을 세우고 있었다. 한 걸음 한 걸음 신중하게 딛고 오를 수밖에 없으니 시간은 더 빠르게 날아갔다. 이 길에서 나를 살린 것이 있었다. 한 뼘만큼의 흙. 그 위에 피신하듯 두 발 올려놓고 '감사합니다'를 연신 외쳤다. 낙엽이 덮여 있는 길은 비단길이었지만 눈물 나게 짧았다. 오르면 오를수록 돌의 크기는 더욱 커졌고 찌르기도 더욱 거세져 두통이 올 것 같았다.

잔혹한 마등령 돌길 위에서 후회했다. 자꾸만 배낭에 매달린 슬리퍼가 신고 싶어졌다. 그때 10여 미터 앞에 반 평 남짓, 시원하고 촉촉한 진흙이 보였고 냉큼 올라섰다. 발바닥을 만져보니 여름날 자동차 보닛처럼 화끈거렸다. 시원한 진흙이 과열된 발바닥을 식혀주었고 나를 살렸다. 이 진흙을 벗어나기 정말 싫었지만 야속하게도 시간은 빠르게 흐르고 있었다. 기어가도 이보다는 빠르겠다고 생각하다가 이정표를 보고 털썩 주저앉았다. 비선대에서 겨우 2.5km 왔고, 공룡능선의 입구인 마등령 삼거리까지 아직도 1km 남았다. '이 고통을 참아가면서 여기까지 왔는데 겨우 2.5km 왔다고?' 누가 설악산 아니라고 할까 봐, 악 소리가 절로 나왔다. 이정표는 또 이렇게 말했다. "계속 맨발로 걷는다면 앞으로 최소한 한 시간 아니면 두 시간이 될 수도 있다. 더 무자비한 돌들이 너를 기다리고 있어." 이것이 내가 할 수 있는 맨발의 한계인가 싶었다. 칼날 같은 돌길을 한

 맨발 걷기가 내게 알려준 것들

시간 이상 걸었는데 마등령은 쉽게 나를 놓아주지 않았다. 하지만 포기하기는 너무 이르다. 다시 꾸역꾸역 걸었다.

» 주욱 늘어선 날카로운 돌길 앞에 숨이 멎는 듯했다.

970m를 올랐고, 3시간 30분 경과 지점에서 맞닥뜨린 풍경은 딱 공포영화의 한 장면처럼 소름이 돋았고 기가 막혔다. 뾰족하게 날을 세운 돌길이 100m 이상은 족히 넘게 펼쳐져 있었다. 오를수록 등산로 위 돌들은 크기가 커지는 것만이 아니라 훨씬 날카롭고 거칠었다. 쳐다볼수록 울고 싶었다. '진짜, 너무한다!' 그 자리에 또 주저앉았다. 옆에 핀 투구꽃이 위로해 주었지만 나는 점점 멍해지고 있었다. 지난해 등산화를 신고 올랐을 때보다 1시간 이상은 지체되고 있었다.

'마등령에서 1km 걷기가 이렇게 힘겹다니.' 절망스러웠다. 이 무시무시한 돌길을 걷는 동영상도 찍었지만 다신 보지 않았다. 발바닥은 촉촉한 흙을 원했다. 설악산은 지금까지 내가 맨발로 걸었던 모든 산과는 완전히 달랐다.

공룡능선의 돌길은 마치 자연이 만들어 낸 칼날처럼, 날카로운 돌들이 여기저기 어지럽게 쌓여 있었다. 바람에 깎이고 깎인 돌들은 다양한 형태와 크기를 지니고 있지만, 대부분은 불규칙하게 솟아올라 있었다. 발을 내딛는 순간 고통이 전해져 왔다. 발바닥이 돌에 닿는 순간, 마치 신경이 날카롭게 쓸리는 듯한 통증이 느껴졌고, 바닥 깊이까지 파고드는 따가움이 뼛속까지 스며들었다. 한 걸음 한 걸음이 생채기를 내는 듯했다. 마찰이 생기는 그 감각은 고통을 넘어선 뒤 찾아드는 깨달음과도 같았다.

 맨발 걷기가 내게 알려준 것들

다시 일어나서 걸어야 했는데 도무지 의욕이 생기지 않았다. 그 때 문득 일상에서 힘들 때면 떠오르던 그 자리, 감탄이 절로 나오는 그 계단이 멀지 않았음에 겨우 일어나 걸었다. 거대한 절벽 사이로 공룡능선의 1,275(일이칠오)봉과 대청봉이 파란 하늘 푸른 숲과 어우러져 나를 부르는 것 같았다. 산새들의 노래가 가득 넘쳐흘렀다. 설악산과 하나가 된 듯 잠시 넋을 잃고 쉬고 있는데, 다람쥐 한 마리가 천천히 다가왔다. 두리번거리던 눈빛이 나와 마주쳤고 먹을 것을 달

» 귀여워.

라는 듯했다. 내가 쳐다만 보자 이번에는 더 가까이 다가와 내 새끼 발가락을 잡았다. 똘망똘망 귀여운 눈망울에 날카로운 발톱이 따끔하게 느껴졌지만 아프지 않았다. 날카로운 발톱 사이로 젤리처럼 아주 작고 부드러운 살이 느껴졌다. 세상에나 너무 놀라웠다.

'미안해, 다람쥐야.' 내 배낭 안에 달콤한 것은 널 아프게 해. 그래서 줄 수가 없어. 그새 알아들었는지 나를 한번 바라보고 토라진 듯 돌아섰고 뒷모습도 귀여웠다. 약속한다. 내년에 올 때는 너 먹을 것도 꼭 챙겨 올 거야, 그럼 내년에 이 길을 또 걸어야 하네. "푸하하하" 처음으로 웃음이 나왔다.

맨발로 걷다 보니 도대체 얼마나 더 시간이 걸리는지 감이 오지 않았다. 돌길이 끝난 건가 싶다가도 또 나타났다. 너무 힘들어서 말문이 막혀버렸는데 잠시 뒤 목재 덱 계단이 위기의 나를 살렸다. 첫번째 계단에 올라선 순간 너무 부드러운 촉감에 감사하며 반성부터 했다. 그동안 다른 산에서 목재 덱이, 계단 위 고무가 불편하니 어쩌니 했던 말 모두 취소. 무조건 감사합니다. 그렇게 3번째 계단 덕분에 끙끙거리면서라도 올라갈 수 있었다.

» 오르다가 뒤돌아본 풍경. 앞으로 넘어야 할 공룡능선과 저 멀리 하늘과 맞닿은 곳에 대청봉이 보인다.

거친 숨이 턱까지 차오르고 계단 끝에 다다르자 드디어 마등령이 날 놓아주었다. 마등령은 고생한 나를 위해 선물을 주었다. 지금까지 내가 걸어온 길과 동해를 활짝 펼쳐주었고 눈이 부시게 아름다운 풍경을 두 눈 가득 담아볼 수 있었다.

4시간의 수고와 발바닥의 통증이 순간 사라져 버렸다. 노고의 대가로 충분했다. 설악산이 품고 있던 비경 신선대, 1,275봉, 큰새봉도 보여주었다. 그 뒤로 웅장하고 거대한 녹색의 덩어리 중청봉, 대청봉까지 뚜렷하게 보였다. 파란 하늘과 녹색의 산, 하얀 구름 반짝이

 맨발 걷기가 내게 알려준 것들

는 푸른 동해, 이 모든 것이 어우러져 내 숨결마저 투명하게 느껴졌다. 어떠한 사진과 영상으로도 이 환상적인 풍경은 담지 못한다. 이곳에 서야만 느낄 수 있는 그런 풍경이었다. 1,040m를 오르고, 4시간 이상을 걸을 수 있었던 것도 이곳의 환상적인 풍경이 너무 보고 싶었고 그리웠기 때문이었다.

드디어 벤치에 앉아 제대로 된 휴식을 취할 수 있는 고도 1,116m 마등령 삼거리에 도착했다. 기억을 더듬어 보니 작년 등산화 신고 오를 때보다 무려 1시간이 더 걸렸다. 아직 공룡능선에는 들어서지도 못했지만, 어떻게든 끝을 보겠다는 각오는 확실했다. 그간 맨발로 산을 오르며 들었던 미쳤다는 말도, 이해가 안 된다는 사람들의 표정과 눈빛도 떠올랐지만, 이젠 내게 문제 될 것이 없었다. 세상살이가 버거워 소심해졌던 내가 마등령을 오르며 서서히 자신감을 되찾고 있었다.

'공룡아, 기다려라. 지금 내가 간다.'

20

공룡능선 맨발 등산 PART 2.

– 벌써 퇴직한다고? 제대로 미쳤구먼!

　　공룡능선에 맨발로 도전하기 3년 전부터 퇴직을 염두에 두고 있었다. 20여 년 직장 생활을 돌이켜 보니 내 길이 아니었다. 일하는 행복도 보람도 없었다. 더 늦기 전에 벗어나고 싶었다. 그동안 안정적인 직장에서 누리던 물질적 혜택을 버리고 새롭게 시작할 용기가 절실했다. 공룡능선을 맨발로 걷는다고 그런 용기가 덜컥 생길 거라고는 생각하지 않았다. 다만 내 인생에 가장 힘든 도전을 통해서 난관을 뚫고 나갈 용기를 되찾아 가는 길이 열리기를 바랐다.

　　공룡능선을 향한 출발은 시작부터 난관이었다. 전날, 해변 근처에 아주 저렴한 호텔 숙소가 있어 냉큼 잡았다. 신선한 해산물이 곁들여진 저녁 식사를 출정식처럼 즐기고 싶었다. 예컨대 고등어구이,

간장게장, 익힌 참문어와 이슬 한잔. 하지만 속초 도착이 늦어졌고 근처 식당들은 문을 닫았거나 마감 중이었다. 편의점에서 컵라면, 샐러드, 캔맥주 하나로 출정식을 성대하게(?) 마무리했다. 불운은 계속됐다. 새벽 출발을 앞두고 밤 11경, 잠시 눈을 붙이려고 누웠건만 '쿵쿵 쿵쿵' 어두운 방으로 스피커 진동과 노랫소리가 퍼졌다. 남녀 혼성 듀엣은 신나게도 불렀다. 만취한 남성은 반 박자 늘어지고 혀 꼬인 목소리로 흐느꼈다. '아이고, 참 외로운가 보다.' 특가라고 잡은 호텔 방인데, 그래도 명색이 호텔인데 이 상황이 말이 되나 싶었다. 데스크에 항의했지만 돌아온 대답은 노래방은 임대시설이라 호텔과는 관련 없다는 직원의 겸연쩍은 말이었다. 사장, 아니 이성을 잃고 '사장 놈' 나오라고 소란을 피울까 싶었지만, 거사를 앞두고 있었기에 참았다. 자정이 지났으니 어제의 불운은 모두 사라지길 기대하다가 잠도 홀라당 깨서 짐을 꾸려 방을 나섰다. 퉤퉤, 다신 안 온다.

5월의 시원한 바람과 맑은 공기가 분노로 차올랐던 내 마음을 차분히 달래 주었다. 설악동 소공원에 비선대(들머리)까지 깊은 심호흡을 하며 걸었다. 역시나 예상대로 걷기에 딱 좋은 날씨였다. 다만 사방은 무성한 나뭇잎으로 달빛마저 가려져 라이트 불빛도 어둠에 먹혔다. 두 눈의 역할이 줄어드니 귀는 밝아졌다. 한 걸음씩 오를 때마다 '윙' 하는 바람 소리가 더해졌고 어둠 속에 흔들리는 나무 사이로 뭐라도 튀어나올 듯해 쭈뼛 소름이 돋았다. 이럴 때는 앞선 산객의 라이트 불빛이라도 있다면 의지가 되겠지만, 역시나 평일에는 아무도 없었다. 한참을 오르다가 깊은 골짜기 사이로 희미하게 날이 밝아올 무렵, 온몸은 소나기라도 맞은 듯 땀으로 축축했다. 숨이 목구멍까지 차올라 오르던 돌계단 위에서 잠시 멈췄다. 매년 그랬듯이 같은 지점에서 뒤돌아 사진을 찍는다. '와, 경치 끝내준다.' 올 때마다 같은 말을 반복하게 된다. 오르다가 뒤돌아보면 어떤 멋진 경치가 펼쳐질지 알지만 뒤돌아보고 또 설렌다. 정상을 향해 가는 길은 '단순 명료' 그 자체다. 외길이라 길을 잃는 일이 없어 단순하며, 혀를 내두를 정도의 급경사가 눈에 확실하게 보인다는 점에서 명료하다. 내가 힘에 겨워 '징하구만' 구시렁댈 때 이 길에서 누군가와 눈이 마주쳤다. 우린 둘 다 헉헉대고 있었지만, 나는 맨발이라는 점에서 그와 달랐다.

죽음의 마등령을 맨발로 올랐다. 본격적인 공룡능선에 올라타기 전, 잠시 올라온 길을 돌아봤다. 늘 바람이 불어오는 곳. 작년에는 우측에 보이는 높이 30여 미터 암릉에 기어올라서 운해도 봤지만, 올해는 맨발로 걷기에 참았다. 만약 여기서 다친다면 그 이후가 어떨지 상상해 봤다.

"9시 뉴스 첫 소식입니다. 어처구니없는 소식 전해드립니다. 한 40대 중년 남성이 맨발로 공룡능선을 넘겠다고…", 모자이크 화면. "도대체 왜 그러셨어요?"라는 기자 질문에 산악구조대 사이에서 두

 맨발 걷기가 내게 알려준 것들

손으로 얼굴을 가리고 있는 나.

'다치기라도 하면 세상에나 이 높은 곳까지 구조대가 와야만 하고, 민폐도 이런 민폐가 없다. 맨발 걷기 하는 사람들 전부 욕 먹인다. 제발 조심해라.'

정신 바짝 차리고 걷자며 공룡 등짝에 올라탔다. 걸음마다 펼쳐지는 경치는 이루 말할 수 없어 표현하기도 어려웠다. 대한민국 국립공원 제일 비경 앞에서 발바닥도 진정 기미를 보였다. 아니다, 비경에 정신 팔려 발바닥은 신경도 안 썼다. 물론 공룡능선은 쉽게 길을 내어주지 않았다. 오르고 내리고 숨이 턱까지 차오르게 걸어야만 했다. 그때였다. 큰새봉과 저 멀리 대청봉이 보였다. 눈물이 날 것처럼 벅차오르는 것을 보니, 이 모든 것이 그리웠던 것이 분명했다.

이 길에서 평생 잊지 못할 사람과 자연, 소중한 인연이 시작됐다. "삐삐 삐삐" 핸드폰 알람이 울렸다. 출발 전날부터 도착 시간을 예측해서 미리 알람을 맞춰 뒀다. 작년에는 빠르게 지나가 직접 보지 못하고 아쉬움으로 남아 있던 한국의 에델바이스 조선화융초(일명 솜다리)를 만날 시간이었다. 주변을 두리번거리며 나도 모르게 노래가 절로 나왔다.

'솜다리 솜다리~ 솜다리'

여기다. 바위틈에 수줍게 숨어 있던 솜다리를 찾았다.

» 하얀 솜털이 무성한 솜다리

올해는 차분히 한가득 사진으로 담아봤다. 마침 반대편에서 오른 산객과 마주했고 공룡능선은 처음이라고 했다. "그럼 인생샷, 품앗이할까요?" 했더니 흔쾌히 응해 주었다. 보답의 의미로 숨다리도 알려드렸다. 서로에게 감사 인사를 하고 돌아서는데 여성 산객이 나를 보고 깜짝 놀라서 정말 이렇게 한마디 했다.

"캬악, 여기를 맨발로? 엄지척."

일행인 한 사람은 다친 내 새끼발가락을 보며 걱정하고, 밴드가 필요한지 물어봐 주었다. 하지만 이런 어수선한 기쁨도 아주 잠시였다. 잠시 뒤 난 혼자가 되었고 한 손에는 등산 스틱, 한 손으로는 난간을 잡고 벼랑 같은 길을 내려갔다. 목표지점은 분명했다. 희운각 대피소. 가는 길은 오르락내리락 경사가 심해서 체감 거리는 이정표 숫자보다 2배는 더 길게 느껴졌다. 그러다가 어느 이정표 앞에 딱 멈췄다. 희운각 대피소 3.9km. 기절할 것 같았다. '와아, 이건 뭐지?' 마등령 삼거리에서 죽을힘을 다해 악악거리며 왔는데 겨우 1.2km 왔다고? 강한 충격을 받은 듯 생각이 느려지고 있었다. 올해로 세 번째 이 길을 걷고 있었지만 앞으로 보게 될 킹콩바위, 촛대바위만 생각났지, 그 앞뒤로 미치고 팔짝 뛸 급경사 길은 새까맣게 잊고 있었다. 늘 골짜기 바람이 대차게 불어오는 킹콩바위 앞에 섰다. 이 신기한 모습에도 감흥이 없었다. 철퍼덕 주저앉아 한숨을 쉬었다. '네가 좋아서 와 놓고 왜 한숨이야.' 풀린 눈으로 킹콩바위를 향해 내년에 또 보자고 무심히 인사하고 떠났다.

» 옆모습의 킹콩바위

다음 도착지는 공룡능선에서 아주 유명한 촛대바위인데 가는 길
이 어땠는지 가물가물했다.

» 좌측 촛대바위 밑으로 훅 떨어질 듯 보이는 난간 길

　다만 분명한 것은 위로 또 위로 올랐다가, 다시 아래로, 아래로 내려가야 한다는 것이었다. 힘겹게 도착한 촛대바위를 지나서 급경사 난간을 잡고 내려갈 무렵이었다.

　"한 손으로 난간 잡고 통화하시면서도 산 잘 타시네요. 하하하."

　"앗, 감사합니다. 여기 전화 잘 터지네요. 통화가 끊김이 없어요. 하하하."

　얼마 전부터 앞서거니 뒤서거니 이야기도 나누고 쉼터에서 간식도 나눠 먹었던 산객 중 한 명이 내게 말했다. 숨이 차올라 버거울 만도 한데 통화하며 오르는 내 모습을 보고 한마디 했던 것이었다. 두 사람은 일주일 전 지리산 화대종주(대한민국 3대 장거리 종주 중 하나다.)를 하고 왔다고 했다. 다만 그때 나는 화대종주가 어떤 의미가 있을지 잘 몰랐고 나중에 꼭 해보겠다고 말했다. 그 두 사람이 나의 길동무 돼 주었기에 힘겨운 1,275봉도 웃으며 넘을 수 있었다. 만남과 이별은 늘 함께하듯 내가 뒤처지는 바람에 인사도 제대로 못 하고 이 두 사람과 헤어졌다. 점점 멀어지다가 언덕을 넘어 사라지는 두 사람의 뒷모습을 보면서 기운이 쭉 빠졌다. 다시 혼자가 되는 것이 당연한데도 서운했다. 환상적인 날씨에 이런 멋진 경치를 볼 수 있다는 것에 감사하자고 생각했다가도 이내 지쳐버렸다. 그리고 잠시 뒤 속살을 뚫고 나온 날카로운 등뼈처럼 생긴 봉우리들이 찌를 듯이 나를 막아섰다.

 　맨발 걷기가 내게 알려준 것들

» 현기증, 먹먹함, 모든 것이 멈추던 순간. 공포에 가까운 적막만이 남았다.

'이게 뭐지? 원래 길이 이랬다고? 잘 생각해 봐. 저기를 또 넘었다고?'

현기증이 났고 어지러웠다. 출발 전, 'ChatGPT'에게 "공룡능선을 맨발로 걷는다면 어떨까?"라고 물었다. 위험으로 시작해서 매우 위험으로 끝난다는 대답이 돌아왔다. 신중하게 결정하고 철저하게 준비했기에 이 길을 걷고 있지만, 이렇게 힘들 줄은 몰랐다. 그 유명한 봉우리들(큰새봉, 킹콩바위, 촛대바위 등)을 다 넘었고 곧 희운각 대피소다. 그곳에서의 편안한 휴식을 떠올리며 내려가기만 하면 된다는 생각에 겨우겨우 무거운 발걸음을 옮기고 있었다. 그런데 눈앞에 펼

처진 모습 때문에 현기증이 나려고 했다. 기울어져 있던 이정표를 보고 내 마음도 삐딱하게 기울었다. '희운각 대피소까지 2.4km' 생각도, 시간도, 움직임도 모든 것이 멈췄다.

'포기하고 신발 신으면 되잖아. 생각해 봐, 설악산 대청봉 해발 고도 1,708m야. 여기 공룡능선을 타고 넘으면 상승고도가 1,800m쯤 돼. 포기하고 신발 신는다고 누가 뭐라고 할 사람 없어.'

체력이 고갈될수록 내적 갈등은 심해졌고 급기야 짜증이 났다.

"자기가 좋다고 와서 왜 성질이야!" 미친놈처럼 외쳤다. 한참 뒤 멍해져서 일어났고, 가보자, 힘내자, 그런 마음은 하나도 없었다. 그냥 멍한 상태로 일어나서 걸었다. 등산로처럼 내 마음도 위아래로 기복이 심해져 갔다. 이 멋진 경치도 이제는 아름답기보다 넘어야 할 연속된 고비일 뿐이었다.

의지도 바닥났고 길바닥에 놓인 작은 돌 하나하나가 내 발바닥을 괴롭혔다. 또 밑으로, 밑으로. "기가 찬다, 정말." 혼잣말을 구시렁거리다가 더는 못 가겠다 싶어서 주저앉았다. 이때 든 생각은 치악산(1,288m) 정상에 올랐는데 거대한 백운봉(940m)이 떡하니 나타나 저기까지 올라야 한다고 말하는 것 같았다. 다시 일어나 한 발 내딛는 순간, "아, 못해." 또 주저앉았다. 편두통이 밀려오는 듯했다. 이제는 쓰러져 있는 나를 거대한 암벽이 서서히 짓누르는 거 같았다.

발바닥과는 이미 통신 두절 상태였다. 맨발 걷기를 거부하고 있었지만, 기를 쓰고 걸었다. 질질 끈다는 말처럼 두 발을 끌며 걸었다. 마침내 공룡능선의 등짝 모두를 볼 수 있는 신선대에 도착했다.

» 감격과 감탄이 밀물처럼 나를 감쌌다. 정면 넘어온 공룡능선, 2시 방향 울산바위 일부가 보인다.

감격 그 자체였다. 지금까지 맨발 등산하면서 이렇게 감격스럽기는 처음이었다. 하늘 보며 대자로 누웠다. 정말 힘든 고비는 거의 다 넘었고 충분히 쉬었기에 다시 일어설 힘이 생겼다. 한참을 아래로 걷다 보니 반가운 말뚝이 보였다. '또르륵' 눈물이 날 것 같은 해방감을 안겨주는 반가운 펜스였다. 이 말뚝은 나에게는 공룡능선을 잘 빠져나왔다는 뜻이었고, 반대편에서 오는 사람에게는 고통과 인내의 시작을 알리는 경계선이었다.

   맨발 걷기가 내게 알려준 것들

공룡능선을 걸을 때 단 한 명도 "발 아프지 않아요?"라고 묻지 않았다. 돌부리를 차서 까진 새끼발가락을 보고 "밴드 줄까요?"라고 물어봤을 뿐, "왜 맨발로 걷냐?"라고 묻지 않았다. 공룡능선을 오롯이 담으려고 온 사람들은 지금 나의 모습, 있는 그대로의 나를 받아들여 주었다. 마주친 등산객마다 그저 나를 응원해 주고 인정해 주는 태도가 가슴 깊이 남았다. 프로들의 영역, 그 언저리 같았다. 이 험한 길에서 사람을 만나는 순간이 더욱 반갑고 귀하게 여겨졌다. 서로를 바라보는 시선과 표정에 미소가 가득했고 그거면 족했다. 그렇게 나는 앞으로 있을지 모를 어떠한 난관도 헤치고 나갈 자신감을 얻었다. 내가 최선을 다하면 누군가는 반드시 나를 인정해 줄 것이라는 세상에 대한 믿음도 커졌다. 내가 이곳 공룡능선을 맨발로 도전해 극복하고 설악산에게 받은 대답은 이것으로 충분했다.

21

공룡능선 맨발 등산 PART 3.

- 외롭다고 느껴질 때면

설악산, 공룡능선의 끝자락. 힘들게 넘어온 봉우리들이 모두 보이는 신선대 인근에서 난 또 혼자가 됐다. 맨발로 천천히 걷다 보니 함께 이야기 나누며 걷던 산객들과 점차 거리가 벌어졌다. 점점 멀어져 가는 산객들을 바라만 볼 뿐, 기다려 달라고, 부디 같이 가자고 애원할 수 없었다. 웅장하고 아름답던 풍경도 텅 빈 느낌이었다. 아무도 없는 이곳에 홀로 남겨진 아이처럼 한없이 작아지고 두려워져서 가슴이 먹먹했다.

'난 참 외로운 팔자인가 보다. 왜 또 혼자 이러고 있지?'

고개를 떨구다 새벽부터 흙먼지를 뒤집어쓰고 꼬질꼬질해진 맨발을 마주했다. 고생한 발을 당장이라도 깨끗하게 씻어주고 싶었지만, 지금 해줄 수 있는 것이 없었다. 그러다 문득 아무것도 할 수 없어 무기력했던 나의 과거. 생각하기 싫었던 그날들이 스쳐 갔다. 마음 밑바닥에 가라앉아 있던 지난날의 내 모습이 수면 위로 떠올랐다.

　내 나이 딱 스물일곱. 25년 전 일이었다. 아버지 회사가 파산했다는 연락을 받고 캐나다에서 서둘러 돌아왔다. 1년 전, 출국할 때 환하게 웃으며 나를 보내주던 가족들은 입국장에 없었다. 반겨주는 사람이 없는 공항은 싸늘하게만 느껴졌다. 혼자 버스를 타고 집에 도착했을 때는 우리 가족이 지금까지 쌓아온 것과 가족의 평화로움이 모두 사라지기 직전이라는 것을 실감하지 못했다. 며칠 뒤 내가 자라온 서울의 2층 집과 행복하게 꿈을 키우던 내 방도 허망하게 사라졌다. 눈앞에 펼쳐진 현실은 믿기 힘들었고 영원히 깨지 않을 꿈만 같아 먹먹했다. 쫓기듯 이사 간 월세방은 대문을 열고 들어가 건물과 담벼락 사이 좁은 통로를 따라서 안으로 더 안으로 들어가야 했다. 나와 동생이 함께 쓰게 된 방구석 창문은 옆집 벽에 가로막혀 늘 아주 여린 햇빛만 비추고 아쉽게 사라졌다. 좀 더 밝은 방에서 지내려고 벗겨 놓은 커버 없는 천장 형광등 밑으로 돌아누운 동생 뒷모습이 보였다. 방이 비좁아 다 풀지 못하고 쌓아둔 짐들은 여전히 그대로였다. 저녁 식사 시간 마주 앉은 엄마와 나 그리고 소주 한 병, 얻어 온 반찬과 라면으로 한 달을 살던 월세방의 쿰쿰한 냄새가 여전히 선명하게 남았다.

며칠 뒤면 월세를 내야 하는데 돈이 부족했다. 이 생각 저 생각에 불어버린 라면을 버렸다. 엄마가 매일 마시던 술병을 모아서 팔 때마다 엄마는 나에게 미안한 눈빛을 보냈다. 그리고 저녁이면 어김없이 밥상 위 누워버린 술병 앞에 혀 꼬부라진 소리로 말하곤 했다.

"미안해, 아들. 넌 잘될 거야. 엄마는 믿어. 넌 아주 성실한 아들이거든."

답답함에 숨이 멎을 것 같았고 "엄마, 고마워요."라고 대답하지 못했다. 서울살이가 삭막하고 힘겨웠다. 엄마는 그때 인생의 의미를 잃었다. 그때부터 나는 열심히 앞만 보고 살았다. 평범하게 사는 것이 제일 힘들다는 엄마의 말을 가슴에 새기며 평범하게 사는 것이 꿈이 되었다. 무조건 열심히 살아야 한다며 버텼지만, 하루하루 불안감은 커졌다. 신문 배달, 무역회사 사원, 신발공장 잡무까지 이곳저곳을 전전했다. 소개로 만난 사기꾼 농간에 속아 6개월 월급도 못 받았고 알량한 일터도 사라졌다. 큰돈을 벌 수 있다고 한껏 부풀었던 내가 바보 같았다. 내 일터가 사라진 그날 오후 청담역 플랫폼으로 굉음을 내며 달려오는 지하철을 멍하니 바라봤다. 차라리 그 앞에 뛰어들면 모든 불안이 끝날지도 모른다는 충동이 스쳤다. 당장 할 일이 없고 갈 곳조차 없어졌다는 현실이 숨 막히게 느껴졌다. 그러다 문득 나를 믿고 기다릴 엄마의 얼굴이 떠올랐다. 이 밝은 대낮에 갑작스레 집에 가면 엄마가 놀랄 것이 뻔했다. 갈 곳이 없던 나는 지하철 순환선 2호선에 올라 하염없이 땅 밑을 돌고 있었다. 참 외롭고 쓸쓸한 날이었다. 그날 이후 내 삶은 2호선 지하철처럼 순환선 선로를 돌고 또 돌았다.

그때, 그 막막했던 시절의 기억이 이곳 설악산에서 나를 다시 찾아온 것일까. 지금 이렇게 거대한 대자연 앞에 홀로 선 내가 그 시절의 나와 겹쳐 보였다. 어두운 새벽부터 동이 트고 석양으로 물들 때까지 나는 설악산 품 안에 머물렀다. 보기 드문 장대한 산세와 두 눈 가득 차고 넘치도록 펼쳐진 광활함을 지닌 산. 그 안에서 암벽과 날카로운 봉우리들이 어우러져 공룡능선을 이뤘다. 사방으로 뻗어나간 능선들은 끝없이 펼쳐진 대자연의 숨결을 느끼기에 충분했다. 여름이 가까워지고 무성한 녹음이 산 전체를 뒤덮어 푸르름이 넘쳐났다. 해발 1,708m 대청봉에 올라 구름 아래 세상을 내려다보면 설악산의 웅장함에 겸손해졌다. 첩첩산중에서 불어오는 시원한 바람과 석양에 물드는 능선들에 마음을 빼앗겼다. 이곳에서만 느낄 수 있는 묵직한 대자연의 울림이 온몸을 흔들었다. 설악산 안에서 가장 거친 매력을 지닌 것이 공룡능선이었다. 우뚝 솟은 암봉들이 길게 이어져 있다. 날카롭게 솟아올라 마치 공룡 등뼈를 연상시키듯 기이하고도 장엄했다. 이 능선 길을 걷다 보면 양옆으로 깊숙이 파인 협곡과 그 아래로 펼쳐진 숲이 아득하게 내려다보였다. 자연이 수억 년에 걸쳐 조각해 낸 이 웅장한 풍경은 나를 압도했다. 그 앞에 서면 내가 아주 작은 존재임을 깨닫게 된다. 특히 아침 햇살이 능선을 부드럽게 감

쌀 때 공룡능선은 깊은 잠에서 깨어난 야수처럼 큰 숨을 내쉬는 듯 보였다. 가파르게 솟은 바위와 날카로운 경사면은 그 위상을 드러냈다. 곳곳에 낙석의 흔적과 비바람이 깎아놓은 바위들은 자연의 강인함을 실감케 했다. 세찬 바람이 능선을 타고 흐르는 소리는 오랜 시간 동안 이곳을 지켜온 대자연의 목소리처럼 들렸다. 경외감에 전율이 흘렀다.

이 길을 맨발로 종일 걷다 보면 원하든 원치 않든 멈춤의 시간이 있다. 극도의 고통으로 움직임이 멈출 때도 있었고 압도적인 절경 앞에 생각마저 멈출 때도 있었다. 설악산의 광활함을 목도하고 공룡능선 안에서 한없이 작아지기도 했다. 장대한 세월의 흐름 앞에 내가 느끼는 외로움은 찰나 같은 것이었다.

'티끌 같은 존재가 외로움에 괴롭다고 울부짖은들 그 외침이 어디에 닿을 수 있겠는가?'

공룡능선에서 대청봉을 향한 나의 외침은 공중에 산산이 흩어질 뿐이었다.

공룡능선을 맨발로 걸으며 외로움을 고독으로 극복할 수 있었다. 외로움과 고독은 비슷한 것 같지만 감정의 성격과 경험하는 방식에서 차이가 있다. 나의 과거는 대부분 부정적인 감정이었고 편두통 같았다. 인간관계에서 소외되고 경제적 상황을 포함한 주변 환경이 부족해졌다고 느끼며 외로움이 생겨났다. 경제적 결핍으로 시작돼 가족들의 괴로운 표정을 볼 때마다 고통스러웠고 삶이 공허하게 다가왔다. 내 삶을 외면하고 피하고 싶었지만 벗어날 방법이 없었다. 하지만 산에서 맨발로 걸으면 외로움과는 다른 감정이 일었다. 고독이었다. 스스로 선택한 고요한 상태로 외로움과 달리 긍정인 생각으로 마칠 수 있었다. 주변과 거리를 두고 나를 살피는 시간. 깊은 사색이나 마음 챙김을 통해 평온함을 얻었다. 내가 대자연의 일부분으로 느껴졌고 새로운 존재로 다시 태어나는 느낌을 받았다. 자연 속에서 느끼는 압도적이고 경외심을 자아내는 경험은 나를 초월하는 것 같았다. 더 큰 존재와 연결돼 하나로 느껴지고, 일상적 고민이나 외로움은 상대적으로 작게 바라보게 되었다.

이렇게 과거 나를 지배하던 두려움, 억울함, 먹먹함이 무엇에서 비롯됐는지 알 수 있었다. 나를 찾기도 하고 또 나를 버리기도 한 시간이었다. 공룡능선은 반평생 쌓여 있던 내 안의 외로움을 씻어준 고마운 친구로 남았다.

흔히 외로움에 가을 탄다고 하는데 요즘 나는 산을 타며 고독을 즐기고 싶다. 공룡능선이 자꾸 떠오른다. 그 안에서 맨발로 다시 걸으라고 한다면? 잘 모르겠다. 너무 힘들었기에 다시 걷고 싶지 않은 것 같기도 하고, 아닌 것 같기도 하다. 하지만 분명한 것은, 내가 살아가면서 만약 정말 외롭다고 느껴질 때면 다시 속초에 가서 해변을 걷고, 설악산을 바라보다가 이른 새벽 그리운 공룡능선을 향해 떠날 것이다. 공룡능선에서 경험했던 '지독한 외로움 같았던 고독'이 오히려 나를 위로해 주고 정화해 줬다. 일상 속 외로움을 초월하고 극복하는 데 큰 역할을 해줬다. 이제 내게 남은 생에서 또 언제든 찾아들지 모르는 외로움으로부터 나는 자유롭다.

22

설악산 대청봉
– 맨발 등산이 이렇게 편할 줄이야

공룡능선을 다녀온 이후 한동안은 설악산을 다시 찾을 것 같지 않았다. 너무 힘들었던 기억이 여전히 뇌리에 깊이 남았기 때문이었다. 그런데 2주 후 속초 워크숍 일정이 잡혔다는 소식을 듣자마자 생각이 바뀌었다. 하루 먼저 출발해서 '이번에는 대청봉을 올라가 볼까?' 하는 생각이 스멀스멀 피어올랐다. 다른 참석자들처럼 워크숍 일정 마치고 편안한 시간 보내고 오면 어떨까 하던 생각은 대청봉 정상이 떠오른 순간 사라졌다. 한번 설악산 생각에 사로잡히자 잦아들 기미가 안 보였다. 사실 속초에 다시 간다고 하니 반갑기까지 했다. 결국 워크숍 전에 속초 해수욕장에 왔다. 2주 전 공룡능선을 오를 때는 편의점에서 산 컵라면, 샐러드, 캔맥주로 성대한(?) 출정식을 치렀는데 이번에는 제대로 출정식을 했다. 신선한 해산물이 곁들여진 저녁 식사를 즐겼고, 아주 조용하고 편안한 숙소(심지어 지난번 쓰레기 같던 숙소보다 가격도 더 저렴했다.)를 잡았다. 일찍 속초에 도착한 덕분이었다.

매년 그랬듯이 저녁 식사 후 속초 해수욕장을 거닐며 설악산 대청봉 맨발 등산 코스를 떠올려 봤다. 소공원에서 출발 비선대(들머리)를 시작으로 천불동계곡으로 올라서 희운각 대피소에서 휴식하고 소청봉, 중청봉을 거쳐 대청봉에 오른 뒤 원점으로 돌아오는 경로다. 왕복 25km 이상, 소요 시간은 15시간을 예상했다. 올해는 설악산에 다시 올 일이 없을 것 같다고 생각했는데 사람 일은 모른다는 말이 맞다. 나를 초주검으로 만들었던 공룡능선을 대청봉에 올라서 내려다보면 어떤 생각이 들지 궁금했다. '그래 가는 거야. 가보는 거야.' 비장함보다 다시 만날 생각에 흥이 났다.

새벽 3시 11분. 소공원 매표소를 출발했다. 비선대 출입문을 지나서 우측으로 가면 마등령과 공룡능선으로 가는 길, 좌측은 천불동계곡 길이다. 우측 마등령으로 오르는 길을 보자마자 '공룡 등짝에 올라타는 것은 한 번이면 족해. 꿈도 꾸지 마!' 혼자 우스갯소리를 하며 고개를 절레절레 흔들었다. 설악산을 오른다는 것은 어느 길을 택해도 매우 힘들다. 대신에 돌려받는 보상은 국립공원 제1 비경 앞에서 세상 시름을 까맣게 잊게 된다는 것. 오르다가 발걸음을 멈추고 뒤돌아보면 내가 여기 오기를 정말 잘했다고 생각하게 되는 곳이 설악산이다. 이번에는 천불동계곡 길로 힘찬 폭포 소리를 들으며 오르니 생동감 넘치고 좋았다. 여름이라 반바지를 입을까 했지만 긴바지를 입기 잘했다 싶을 만큼 서늘했다. 새소리, 물소리에 하늘까지 치솟은 암벽 사이를 흐르는 바람 소리까지 가득했다. 그런데 왜 세상 고요하다고 느껴졌는지 모르지만 길 따라서 조용히 고도를 높였다. 오전 5시쯤 맞이한 아침 햇살은 이정표를 환하게 비추고 있었다. 맨발로 걷고 있음에도 2시간 만에 2.6km를 왔고, 대청봉 정상까지 5.4km만 더 가면 됐다. 조금 더 걷다가 양폭대피소 앞에서 등산객과 첫인사를 나눴다. '맨발의 청춘'이라고 응원해 준 두 사람은 60대 후반으로 보였고 오랜만에 함께 공룡능선을 넘으려고 가는 중이라고 했다. 맨발의 나보다 더 대단하다고, 저 어르신들 건강 비결은 꾸준함일 것이라는 생각이 들었다.

이 길은 공룡능선을 오를 때처럼 고난의 시간이 아니었다. 3시간 반을 넘게 걸었지만, 힘이 남았다. 잠시 머물기로 한 장소는 공룡능선을 겨우 빠져나와 반쯤 정신이 나가서 널브러졌던 이정표 아래였다. 200m만 더 가면 희운각 대피소가 있었음에도 공룡능선을 넘었으니 더는 올라가기 싫다고 뒤돌아 내려왔던 자리다. 거칠고 힘겨웠던 기억이 재회의 기쁨으로 다가왔다. 이 순간을 계기로 '그땐 그랬지.'라고 웃을 수 있는 추억의 장소가 되었다. 소공원에서 9.5km 왔고 대청봉까지 2.7km가 남았다. 하늘 높이 우러러본 대청봉 위로 구름이 날아가는 것이 보였다. '대청봉 정상에 서면 구름 따라 나도 슝하고 날아가겠는걸!' 멋진 풍경 앞에 대청봉을 향한 마음도 강해졌고 기분 좋게 다시 출발했다. 조금만 더 고생하면 감탄이 절로 나올

» 맨발의 청춘 맞다, 맞아.

 맨발 걷기가 내게 알려준 것들

대청봉 정상이 멀지 않았기에 행복한 기분에 휩싸였다. 지난번에 찾지 못한 희운각 대피소에 왔다. 고맙게도 계곡물을 끌어다 쓰는 수도꼭지를 달아 놓았다. 시원하게 세수하고 발도 씻으니 상쾌함에 피로가 사라졌다. 희운각 대피소를 지나서 계단을 오르다 보면 넓은 쉼터가 나온다. 이 자리에서 매년 나는 벤치에 다리를 올리고 하늘 보며 바닥에 눕는다.

올해는 맨발로 이곳까지 오르고 보니 맨발 등산하며 신체적으로 좋아진 점을 알 수 있었다. 다시 힘차게 출발하자마자 대청봉에서 하산하던 젊은 산객이 맨발인 나를 보고 깜짝 놀라 말했다. 날카로운 바위를 묘사하는 제스처와 함께 "저, 저 위에 뾰족뾰족해요. 조심하세요."라고 말해줘 고맙고 귀엽기까지 했다. 그리고 잠시 뒤 다른 산객들이 "발바닥이 곰 발바닥인가요?", "등산화는 없으세요?"라는 질문에 "잘 모르긴 해도 곰 발바닥보다는 부드럽습니다." "아 등산화요? 차 안에 있지요. 작년부터 놀고 있어요. 푸하하하."라고 말해 함께 웃을 수 있었다.

희운각 대피소에서 중청봉까지 예상했던 힘든 구간은 공룡능선에 비한다면 할 만했다. 중청봉을 지나면서 발밑으로 펼쳐진 경치는 바로 아래 공룡능선과 툭 솟구친 울산바위 그리고 수평선 끝 동해까지 한눈에 보였다.

» **구름이 바람 따라 흐르던 날**

바라보는 경치가 너무 황홀해서 발바닥의 느낌은 잠시 잊었다. 언제나 이곳은 힘을 받는 자리다. 드디어 저 멀리 공룡능선 전체를 바라볼 수 있었다.

'공룡능선은 이미 5월에 맨발로 잡아 넘겼고, 이렇게 대청봉도 맨발로 오르는구나.'

감회가 새롭다는 말 이외에 생각나지 않았다. 누군가는 설악산을 정복하러 왔다고 말하던데 나는 설악산 안에서 어린아이처럼 들떴다. 이 풍경에 나도 하나 돼 담기는 듯했다. 대자연의 경이로움에 흠뻑 빠져들었다. 재충전이 된 듯 더욱 힘찬 걸음으로 다시 올랐다.

중청봉을 넘어섰고 중청 대피소와 대청봉이 한눈에 보이는 곳에 내가 서 있었다. 마음이 뭉클해지고 꿈을 꾸는 것만 같았다.

 맨발 걷기가 내게 알려준 것들

» 중청 대피소 뒤로 대청봉이 보여요.

» 대청봉 정상에서

'해냈다.'

대청봉까지 바로 오를 힘이 남았다. 대청봉 정상에서 등산객들과 사진 품앗이도 했다.

"내 발 말고 핸드폰 보세요. 하나, 둘~ 셋에 찍습니다."

잠시 뒤 대청봉 정상에서 혼자가 되었다. 내 두 발아래 세상을 보며 감격했다.

정상에 선 순간은 유독 짧게 느껴져 내려가려면 늘 아쉽고 또 아쉽다. 하지만 이제 길고 긴 12km 하산길이 남았다. 옛날 느긋하게 할머니가 읽어주시던 동화를 듣는 것처럼 천천히 내려왔다. 마지막 쉼터에서 올해 70세 어르신을 만났다. 이곳에서 이른 아침에 나를 봤다고 했다. 내가 지나갈 무렵 77세 된 등산객이 자신 옆에서 잠시 쉬어갔다고도 했다. 자신보다 7살이나 많은 분이 건강하게 산을 타는 모습에 놀랐다고도 했다. 이제 50대인 나도 한 해 한 해가 다른 느낌인데, 자신보다 7살이나 많은 형님이 대청봉을 향하는 모습을 보고 대단하다고 여기는 것은 어쩌면 당연한 듯했다. 나와 대화를 나누던 어르신은 오늘은 몸풀기로 여기에 왔고 내일은 무릎 싱싱한 친구들과 오랜만에 공룡능선을 넘을 것이라고 했다. 대단한 자기관리에 나는 적잖이 놀랐다. 어르신에 비한다면 지금 나의 맨발 등산은 아무것도 아니라 말씀드렸다. 어르신은 미소로 내게 과자도 주셨고 함께 인생 '화이팅'도 외쳤다. 환한 웃음이 터져 나왔다. 돌아서서 인사하고 내려가는 나에게 어르신은 외쳤다.

"자네 맨발 영상 꼭 올리게. 보고 싶네."

드디어 출발점으로 되돌아왔다. '벗은 곳에서 다시 신는다.' 약속했던 비선대에서 신발을 신었다. 총 25km, 13시간 35분, 상승고도 1,740m.

영혼까지 털렸다는 말이 있다. 공룡능선에서 극강의 고통을 오롯이 받아들였고 온몸을 두들겨 맞은 듯 혼쭐이 났었다. 그 지긋지긋했던 인내의 시간을 버텨냈기에 감히, 설악산 대청봉 맨발 등산이 편안했다고 말할 수 있다. 그렇다고 대청봉 맨발 등산이 공룡능선보다는 버틸 만하다는 것이지 절대 만만하지는 않다.

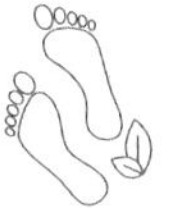

23

설악산 안락, 설렘, 도전, 극강, 지옥

쓰리픽스 챌린지(3 Peaks Challenge)는 설악산 3개 봉우리인 대청봉, 공룡능선, 울산바위를 말한다.

이곳 쓰리픽스에 맨발로 도전했고 이 챌린지를 통해 맨발 걷기의 5단계 코스를 경험할 수 있었다. 내가 직접 걸어보고 개발한 이 코스를 훗날 누군가와 함께 걷기를 꿈꾼다. 신체적, 정신적 무한 성장을 경험할 수 있기에 소개해 본다.

맨발 걷기 5단계 코스는 다음과 같다.

1단계: 안락 (Comfort)

2단계: 설렘 (Excitement)

3단계: 도전 (Challenge)

4단계: 극강 (Ultimate)

5단계: 지옥 (Hell)

1단계 안락: 속초 해수욕장 해변. 흔히 맨발 걷기를 하는 사람들은 해변에서 바닷물에 젖은 모래사장에서 걷는 것을 '수퍼어싱(Super Earthing)'이라고 한다. 물은 전기가 잘 흐르는 전도체이기 때문에 지구와 접지가 매우 잘된다는 의미에서 수퍼어싱이다. 바닷가뿐만 아니라 계곡, 강, 수분이 많은 황톳길은 안락한 맨발 걷기 코스다.

2단계 설렘: 안락하지만 편하지도 않은 마음의 상태가 드는 곳. 그렇다고 도전적인 과제를 맞이한 것처럼 부담감이 느껴지지 않는 코스를 말한다. 설악동 소공원에서 비선대까지 이어진 무장애(無障碍) 길이 여기에 해당된다. 나무 그늘이 이어져 여름에도 시원하다. 비가 내린 뒤 촉촉한 흙길, 평지처럼 느껴질 만큼 완만한 경사의 동네 뒷산 산책로 등이 있다.

3단계 도전: 시작 전 충분한 스트레칭이 필요하고 움직임으로 반드시 땀이 나는 맨발 걷기를 뜻한다.(평소 안락 단계에서만 걸었다면 설렘 단계로 넘어가는 것도 도전이 될 수 있다.) 거리와 시간도 해당된다. 평소 맨발로 1km 걷거나 시간상 30분 정도였다면, 여기서 매주 10%씩 증가한 시간과 거리를 걸으면 도전을 넘어 극강으로 가는 기초 훈련

 맨발 걷기가 내게 알려준 것들

과정이 완성된다.(30분에서 3~5분 정도만 더 걷기, 1km에서 100~200m만 더 걷기) 이렇게 잘게 쪼개서 증가시키는 이유는 가소성을 저해하는 뇌의 저항을 없애기 위함이다. 갑자기 맨발로 걷는 거리를 확 늘리거나 시간을 대폭 늘리는 등 무리하면 뇌는 반드시 저항하고 쉬라고, 편히 쉬라고 속삭인다. 누가 이길지는 지금까지 규칙적인 운동 습관 만들기에 대한 자신의 경험을 비추어 보면 잘 알 수 있다. 의지로 뇌를 이길 수 없다. 꼭 기억할 점은 걷는 시간을 갑자기 늘리면 극강으로 가기도 전에 포기하게 될 수도 있다.

소공원에서 시작해 울산바위로 가는 코스나 금강굴로 가는 코스가 이에 해당한다. 등산로가 돌계단으로 잘 정비되어 있어서 체력만 있다면 맨발 걷기는 문제없다.

4단계 극강: 맨발로 도전을 꾸준히 하다 보면 동네 뒷산이든 학교 운동장이든 평소 내가 맨발 걷기를 하던 곳이 매우 작게 느껴질 때가 온다. 지겨워질 때가 온다. 맨발로 동네 뒷산 학교 운동장을 1시간 이상 달릴 수(걷기 시속 3~4km/h, 조깅 시속 6~7km/h, 달리기 시속 10km/h 이상) 있는 몸이 되었다면 극강 코스에 가보면 된다. 쓰리픽스 챌린지에서는 소공원 출발, 천불동계곡을 넘어 대청봉을 오르고 원점 회귀하는 코스가 이에 해당한다. 대청봉 정상에서 내려다보면 공룡능선과 울산바위가 훤히 보인다. 반대로 울산바위에서 바라보면 공룡능선 넘어 대청봉까지 보인다. 4단계를 경험하면 내가 맨발 걷기를

» 대청봉에서 공룡능선과 울산바위를 바라본 풍경

» 울산바위에서 공룡능선 대청봉을 바라본 풍경

잘한다고 느껴진다.

5단계 지옥: 설악산 공룡능선 22km(또는 북한산 14성문+백운대 17km)

맨발 등산 초반에는 버틸 만, 견딜 만하다. 대략 2시간이 지나면 '내가 왜 이러고 있나?' 싶다가 설악산 공룡능선의 경치로 그간 고통을 보상받는다. 내면의 나를 들여다보는 시간을 맞이한다. 한 6개월은 다시 가고 싶지 않다가도 문뜩 추억하며 그리워하는 나를 발견하게 된다.

이 5단계를 거치고 나서, 나는 맨발 등산에 두려움이 없어졌다. 이후 비록 북한산에서 혼쭐이 나기는 했지만. 내 삶의 가장 큰 변화는 일상에서 부딪히는 모든 일을 차분히 바라보는 여유가 생겼다는 것이다. 일 앞에 주저하거나 망설이기보다 적극적으로 임한다.

 맨발 걷기가 내게 알려준 것들

24

다시 도전 불수사도북

　여름이 막바지에 다가갈 무렵, 당시 나는 지방 파견근무 중이었다. 업무량이 많았기에 아는 사람 하나 없는 타지 생활에 적응하는 것도 버거웠다. 그러던 어느 날 '비록 매일 지치고 힘든 파견 생활이지만, 이 일상에서 잠시 벗어나 도전하고 나의 영역을 확장하면 행복을 느낄 수 있을까?' 내가 했던 말을 확인하고 싶었다. 더 이상 내 삶에 아쉬움을 남기고 싶지 않았다. 내게 익숙했던 것에서 벗어나 도전하며 성장하는 삶을 살아가고 싶었다. 그 다짐을 현실로 만들기 위한 첫 번째 단계로, 나는 선언했다. '내가 모르던 것을 향해 전진하고 새롭게 배우고 익히며 나의 영역을 확장할 것이다. 그리고 이 모든 이야기를 담아 책으로 쓰고 싶다.' 그래서 '지금 난 행복해.'라고 글쓰기 단톡방에 내 다짐을 올려버렸다. 그렇게 강북 5산 종주, 일명 '불수사도북'에 재도전했다. 2023년에는 32km, 중탈(중간 탈출)로 실패했었다. 하지만 포기한 것은 아니었다. 10개월 만에 결심이 다시 섰다. '하지 않고 후회하기보다 실패하는 게 낫다.'

불암산, 수락산, 사패산, 도봉산(신선대), 그리고 북한산(백운대) 정상을 하루에 모두 올랐고 다섯 번째 마지막 봉우리 북한산 백운대 정상은 맨발로 올랐다. 이동 거리는 42km, 17시간을 걸었다. 누적 상승고도는 3,400m로 기록되었다. 성공? 아니다. 또 실패했다. 이유는 백운대 정상에서 불광동까지 5km를 남기고 중탈했기 때문이다. 사실 낙석 위험으로 지나가야 할 구간이 봉쇄되어 있었다. 산 밑으로 3km 우회하면 불가능한 것만은 아니었다. 하지만 어둠이 내렸고 혼자 걷기가 싫어서 포기했다. 그런데 기분이 좋았다. 실패하고 내려오는 것인데도 뒤 돌아 북한산을 향해 "고맙습니다. 감사합니다"를 반복했다. 그 힘든 여정 끝에, 나는 정말 지쳐 있었다. 하지만 그 순간, 내 마음속에 피어오른 것은 '행복'이었다. 하산하며 느낀 진정한 행복은 목표를 이루지 못해도 얻을 수 있었다. 하루 5개 산을 오르고 내리는 불수사도북 종주 산행은 결코 쉬운 일이 아니었다. 몸은 지쳤고, 끝까지 갈 수 있을지 의지는 흔들렸다. 그 속에서 내가 진정으로 얻고자 했던 것은 단순한 성공만은 아니었다. 처음부터 끝까지 46km를 완주했다는 목표 달성을 최고의 가치로 두지 않았다. 그것은 도전을 마주한 내 자세와 태도를 변화시키는 과정이었다. 마지막까지 완주하지 못한 것도, 나의 실패가 아니라 또 다른 도전의 시

     맨발 걷기가 내게 알려준 것들

작이라고 여겼다. 두 번의 실패를 경험하면서 나는 더 강해졌고 성장했다. 내가 무엇을 얻었는지 깨달을 수 있었다.

일상에서는 '파견근무 3개월 안에 초고 완성'을 목표로 마치 거대한 산을 한 발 한 발 오르는 것처럼 책 쓰기를 하고 있었다. 책을 쓰는 동안 나는 맨발로 산을 오르며 글의 내용을 떠올렸다. 글을 쓸 때는 산에서 겪은 경험을 떠올리며 더 깊은 생각에 잠겼다. 이 두 가지 도전은 서로 보완하는 역할을 해주었다. 영감을 주었고 내 삶을 더욱 의미 있게 만들어 갔다. 정신없이 바쁜 하루를 보내고 피곤해도 2가지 도전은 멈추지 않았다. '글쓰기와 맨발 등산.' 과거에는 주저하고 머뭇거리고 도전을 꺼리던 사람이었다. 그때 내 젊은 시간이 아쉬움과 후회로 남았기에 달라지려고 노력했다. 포기하지 않는 내 모습을 만날 때마다 감사와 행복으로 더 힘을 낼 수 있었다.

매주 하루는 새벽까지 지인들과 함께 나눌 글을 쓴다. 다 쓰고 나면 뿌듯하다. 나의 책 쓰기와 맨발 등산의 여정은 끝나지 않았다. 계속해서 새로운 맨발 등산에 나서고, 그 속에서 더 나은 내가 되기 위해 글을 쓸 것이다. 실패도 두려워하지 않고, 그 안에서 성장하는 자신을 만날 때마다 나는 감사함을 말할 것이다. 끊임없이 도전할 것이며, 그 길 끝에서 기다리고 있는 행복을 누릴 것이다.

25

작은 발걸음, 큰 도전

맨발 걷기를 처음 하던 날, 지인이 나에게 했던 말이 있었다.

"맨발로 산에 오른다고? 꼭 그렇게까지 해야겠어?"

이제는 영하권 날씨에 맨발로 걷고 산을 올라도 인정해 주고 그러려니 한다. 하지만 주변 사람 대부분은 처음 내가 무엇을 도전하면 말리는 분위기다. 나를 걱정해서 그런 것은 안다. 그렇지만 내 생각이 확고하다면 일단은 가보자는 것도, 오늘의 작은 도전을 극복하면 더 큰 도전도 담대하게 넘어설 수 있다는 신념이 생긴 것도 작은 발걸음에서 시작됐다.

겨울 맨발 걷기가 좋은 예다. 맨발 걷기 첫해 겨울에는 수많은 시도와 실패를 경험했다. 100m 걷고 돌아오고 200m 걷고 돌아오곤 했지만, 꾸준히 이어갔다. 그러던 어느 날 영하 8도의 날씨와 마주했다. 다행히 햇살이 좋았고 바람도 없어 포근한 느낌이었다. 하지만 겨울에 맨발 걷기는 전혀 다른 느낌이고 다른 이야기라는 것을 알고 있었기에 걱정부터 밀려왔다. 우선 주변 사람들의 시선을 핑계 삼아 돌아갈까 싶었다. 그래서 눈치도 살폈다. '해? 말아?' 시선을 의식해서 망설임이 찾아왔지만 떨치고 일어났다. 역시나 주차장 인근에서 마주친 사람들은 '뭐 이런 정신 나간 놈이 있어?' 하는 표정이었다. 그렇지만 조금 더 오르면 빨갛게 된 내 발을 보면서도, 시린 것을 뻔히 알면서도 궁금해하며 물었다. "발 안 시려요?", "안 시릴 수가 있겠습니까." 영하 8도 등산로는 냉기가 발등을 뚫고 나오고 발이 떨어져 나갈 것 같았다. 하지만 꾹 참고 또 오르다 보면 "와, 건강하세요." "멋지다." 이런 응원의 소리도 들렸다. 그럼 나도 신이 나 발이 시린 것은 잠시 잊게 되고, 내 발걸음에 조금 더 집중할 수 있었다. 이때부터는 남을 의식하지 않게 되는 시점이기도 했다. 왜냐하면 발이 시리다 못해 아리기 때문이었고 갈등이 증폭되는 시점이었다. '여기서 멈추고 신발 신어?' 고비가 찾아들었다. 하지만 마음 한구석에서 '하지만, 어쩌면…'이라는 생각도 들었다.

'정상이 코앞인데, 진짜 거의 다 왔는데 여기서 포기해야 하나?'

그때 누군가 불쑥 나타나 나에게 힘을 보태주었다.

"와~ 이 추운데 맨발로~." 놀람과 진심이 가득한 눈빛과 마주쳤다. 심지어 자리에서 일어나 함성과 물개 박수로 "파이팅!"을 외쳐주었다. 그 좋은 기운 가득한 응원 덕분에 나는 미소 띤 얼굴로 정상에 도착할 수 있었다. 정상에서 돌아오며 응원을 보내준 이에게 고개 숙여 "고맙습니다. 파이팅!"을 외치며 인사드렸다. 그와 나의 마음이 통한 것이 이렇게 기쁜 것이구나.

'나를 믿어주는 한 사람이면 된다.'라는 말이 무엇인지 알 것 같았다.

그 더 할 수 없는 기쁨에 허리 쫙 펴고, 콩콩콩 뛰어 내려왔다. 아주 의연하게. 흠.

영하 8도 맨발 걷기를 마친 이후 나는 겨울 북한산에도 도전했다. 두렵지 않았다. 더 멀리 더 오랜 시간 햇살에 발을 녹여가며 걸었다. 외롭거나 힘겹지 않았다. 이곳에서 한 커플을 만났었는데 반응이 너무 재밌고 한편으로 놀라게 해서 미안했다.

남자 산객: (하아~ 깊은 한숨을 내쉬며) "안 시리세요? 발 시린 건 둘째치고 이렇게 미끄러운데 어떻게." (하아~ 한숨)

여자 산객: (남자 산객 뒤를 따르다가 나를 보고) "헉, 맨발… 발 시리으으실 텐테…." (정말 이렇게 말했다. 발 시리으으실 텐테…)

이후 내가 족두리봉을 넘고 승가봉 문수봉까지, 몇 개의 유명한 봉우리들을 넘고 3km를 더 가는 동안 아무도 없었다. 하지만 난 오롯이 나만의 시간을 즐기고 있었다. 꽁꽁 얼어붙은 암석 바위를 사족보행으로 넘으며 힘겨워했지만 넘어선 나를 격려했다. 눈 위에 찍

 맨발 걷기가 내게 알려준 것들

힌 들개 발자국을 발견하고 그 곁에 내 발자국도 남겼다. 볕이 잘 들어 따뜻해진 바위의 온기를 느꼈고 언 발을 녹이며 'All is well'을 속삭였다. 마치 도인처럼. 동네 뒷산에서 추위와 관계없이 맨발 걷기를 꾸준히 한 결과 겨울 북한산에서도 나는 즐거움을 찾을 여유가 있었다. 이날 등산의 최고 높은 봉우리 문수봉에서 일광욕을 즐기고 눈 덮인 북한산 계곡 길로 콧노래 부르며 내려왔다.

북한산 계곡 길에서 우연히 마주친 산객이 빨갛게 된 내 발을 보며 물었다.

"어떻게 그렇게 할 수 있어요?"

"꾸준히 하다 보면 다 할 수 있어요." 간략히 대답했지만 사실 내 머릿속은 상당한 밀고 당기기가 진행 중임을 말하지 못했다. 겨울이 오면 맨발 걷기가 매우 힘들어진다. 발이 얼음처럼 차갑게 되는 순간, 내 머릿속에서는 끊임없는 싸움이 벌어진다. 먼저 뇌의 편도체가 비상 신호를 울린다. "애가 미친 짓을 하려고 해. 말려!" 그러면 "왜 굳이 이 고생을 해?"라는 전두엽의 속삭임이 들리고 이것을 무시하기란 쉽지 않다. 실행에 앞서 큰 목표를 생각하면 우리 뇌, 편도체가 제동을 걸고 하기 싫어진다. 따뜻한 집 안에서 배부르고 등 따뜻하면 누가 움직이고 싶겠는가. '날 추운데 어디 가. 편안히 집에서 핸드폰 보고 쉬어~. 그냥 누워서 안전하게 살아 있어.' 하고 말하는 뇌. 그런 저항을 속이는 방법을 터득했다. 특히 겨울 맨발 등산할 때

전두엽을 잘 달래고 속여 대뇌피질을 깨우려고 했기에 가능했다. 집에서 산으로 갈 때 이렇게 말했다. '일단 주차장까지만 가서 발을 땅에 대보는 거야. 그리고 싫으면 바로 돌아오는 거야.' 주차장에 도착해서 맨발로 눈을 밟으면 역시나 괜찮았다. 그럼 또 이렇게 말했다. '10분도 길어. 딱 5분만 걷다가 너무 시리면 바로 돌아오는 거야.' 그렇게 하면 10분, 15분을 걷게 되었다. 중간중간 또 뇌를 달래야 했다. '봐, 괜찮지? 지난번에 더 추운 날에도 맨발 걷기 했잖아. 이미 겪어본 느낌 알지? 괜찮아. 고!'

사실, 눈 위에 발을 내딛는 순간, 온몸에 전해지는 서늘한 감각과 발가락이 얼어붙을 것 같은 아찔함이 늘 스친다. 하지만 그 감각도 오래가지는 않는다. 조금만 더 걸으면 차가움 속에서도 따뜻한 발의 온기를 느낄 수 있었다. 이 순간, 뇌는 혼란스러워진다. '어, 정말 괜찮네.' 그때 나는 이미 다음 걸음을 내딛고 있었다. 우리 뇌는 익숙한 것을 너무 좋아하고 선호한다. 낯선 길 앞에서 우리 뇌 편도체가 경고음을 울린다. '위험해. 돌아가.'라고 과장된 신호를 보내며 전두엽이 나선다. 하지만 그 경고음을 살짝 무시할 때마다, 나는 조금씩 더 멀리, 더 높이 나아갈 수 있었다. 산 정상에 오르는 길, 한 걸음 한 걸음이 고통스럽게 느껴졌다. 발이 시리고 뇌가 끊임없이 그만하라는 반기를 들었다. 그러다가 '이 고생을 왜 사서 하고 있지?' 하는 순간 정상에 다다르면 그 모든 통증은 감탄과 뿌듯함으로 바뀌었다. 발아

 맨발 걷기가 내게 알려준 것들

래 펼쳐진 설경은 나에게 속삭였다. '나약함을 돌파했으니 이 멋진 경치를 감상해. 마음껏 즐겨.'

뇌는 생존과 안전을 최우선으로 삼기에 새로운 도전 앞에 늘 격렬하게 저항했다. 도전 후 성취감을 느끼는 순간, 감탄사를 내뱉으며 긍정적인 피드백을 강조했다. 뇌가 보상으로 인식하도록 만들었다. 맨발 걷기와 긍정적인 생각들. 이런 것들이 내 뇌를 속이고 설득하는 데 도움을 줬다. 특히 대뇌피질은 즐거움, 창의성 그리고 놀이와 깊은 관련이 있다. 놀이와 같은 활동은 대뇌피질 활성화를 촉진한다. 즐거움을 느끼는 경험은 뇌에서 도파민이라는 신경전달물질의 분비를 촉진해 보상 체계를 강화한다. 이는 더 많은 놀이와 즐거움을 추구하게 만든다. 이러한 과정은 성인들의 스트레스 해소 및 정서적 회복에 중요한 역할을 한다. 놀이를 통해 대뇌피질은 새로운 정보를 더 잘 통합하고, 창의적인 문제 해결을 도모하며, 전반적인 뇌 건강을 유지하는 데 기여한다. 결국, 도전은 뇌가 편안함을 벗어나는 것을 학습하는 과정이며, 이를 통해 성장과 변화를 이루어 낼 수 있다. 새로운 도전을 통한 지속적인 놀이를 추구해야만 하는 이유다.

겨울 동네 뒷산에서 출발한 작은 발걸음은 북한산으로 나를 이끌었다. 즐거움으로 가득했던 그 여정 덕분에 나는 북한산에서 또 다른 즐거움을 찾았다. 얼마 뒤 나는 북한산에서 가장 뜻깊고 아름다운 비경이 가득한 '북한산 14성문 맨발 종주'를 혼자 해낼 수 있었다.

26

결핍을 성장의 동력으로

어릴 적 잘하는 것이 없다 보니 "잘한다. 대단하다."라는 말을 듣는 이는 특별한 재능이 있는 사람이라고 생각했다. 커가면서 내가 누군가를 보며 대단하다고 말할 때 나는 재능도 없고 끈기도 없으니 부러워하는 삶을 살 수밖에 없다고 생각했다. 자존감이 낮아도 한참 낮았다. 그렇게 된 이유 중 하나는 자존감이 형성되는(보통 9~12살) 초등학교 시절 사건이 시작이었다. 그날 이후 나는 상당 기간 혼쭐난 강아지처럼 기죽어 살았다.

내가 가장 좋아했던 체육 시간이었다. 운동장에서 오와 열을 맞춰 줄을 섰다. 뒤에 있던 친구가 나를 불러 잠시 뒤돌아봤다. 그때 담임선생은 이렇게 말했다. "안에서 새는 바가지 밖에서도 새는구면."(당시에는 담임선생님이 많은 과목을 담당했다.) 난 매일 트집 잡히고 혼나고 친구들 앞에서 망신당하고, 그렇게 주눅 들어갔다. 자그마치 40년이 지났는데도 나를 비웃던 그 얼굴이 생생하다. 나중에 알고 보니 촌지를 안 준다는 이유였다. 촌지 소문이 자자했기에 엄마도 학교에 오려고 했지만 난 극구 말렸다. 엄마가 나를 괴롭히는 사람에게 잘 봐달라며 돈봉투를 내미는 모습은 생각만 해도 싫었다. 중학교 때 나는 아주 조용해졌다. 고등학교 때는 어딜 봐도 존재감이 없었다. 가끔은 수업 '땡땡이' 치고 술도 마시고(딱 한 번) 일탈하며 어영부영 시간을 보냈다. 힘겹게 대학에 가서는 공부에 관심이 없었다. 그렇게 나는 배우려는 의지도, 그 무엇에도 관심이 없는 듯 시간을 낭비했다. 대학 졸업 무렵 아버지 회사가 부도가 나면서 경제적으로 매우 어려워졌다. 무방비 상태에서 아버지가 진 빚을 갚으라는 독촉에 시달리며 살았다. 그렇게 나의 30대가 갔다. 평범하게 사는 것이 꿈이 되었다. 평균이라는 말도 나에게는 버거웠다.

40대 중반 신체적, 정신적으로 건강의 적신호가 왔다. 나태해지고 의욕이 사라졌다. 하루하루 생계를 위해 사는 것만이 내가 할 수 있는 전부였다. 그러다가 달리기와 등산, 맨발 걷기를 시작하면서 나의 인생이, 인생을 대하는 태도가 달라지기 시작했다. 해를 거듭하면서 맨발로 더 높은 곳을 향해서 나아갔다. 그때마다 누군가가 나에게 하는 말이 "대단하다"였다. 한겨울 높은 산을 맨발로 오를 때는 누군가는 너무 놀라 "카약" 비명을 지르며 대단하다고 말했다.

또 다른 누군가는 미소 띤 얼굴로 엄지척해 주며 나를 격려해 주었고 부럽다고도 했다. 생전 처음 본 사람에게 인정받는 것은 기분 좋은 경험이었고 감사했다. 한때는 이런 칭찬을 받고 즐기러 험한 산을 찾기도 했다. 그렇게 더 많은 칭찬과 감사의 마음이 내 안에 쌓이면서 든 생각이 '나도 누군가에게 선한 영향을 주고 싶다'였다. 누군가 맨발 걷기, 맨발 등산에 대한 방법이 무엇인지 묻는다면 자세히 알려주고 격려해 주고 싶었다.

그렇게 하려면 발과 건강과의 관계를 잘 설명할 수 있어야 했다. 책이 많은 도움이 됐다. 맨발 걷기에 관한 책, 인체에 관한 책을 닥치는 대로 읽고 필사, 요약했다. 어느 날은 맨발 이야기를 어떻게 흥미롭게 전달할까 고민하다가 '본투런'이라는 책을 집어 들었다. 멕시코의 험준한 산맥에서 세상에서 가장 멀리 잘 달리는 타라후마라족과 현존 최고의 울트라 러너들의 대결을 그린 실화다. 더 흥미로운 점은 저자(크리스토퍼 맥두걸)도 달리기를 즐겨 하지만, 주사위뼈가 아팠다. 이 책은 여기서 출발해서 진화생물학, 진화인류학, 생리학, 스포츠 의학 등의 연구 결과에서 나온 과학적 증거들을 엮어갔다. '달리기 위해 태어난' 또는 '잘 달리도록 진화한' 인간이라는 이론을 설득력 있게 풀어냈다. 수십 번을 읽었던 책인데 이번에는 내 관점이 흥미에서 구체적 증거 수집으로 바뀌었기에 주사위뼈가 너무 궁금했다. 인체 서적을 뒤져서 찾아냈고 사진도 찍고 직접 발 그림도 따라 그려봤다. 흥미로웠다. 이러한 과정들이 재밌어서 블로그에도 자세히 포스팅했다. 그랬더니 이번에는 어떤 현직 의사가 나에게 해박하다, 어느 출간 작가는 이런 내용을 흥미롭게 쓰는 것을 보니 전문의가 됐어야 한다는 둥 큰 관심을 보여주었다. 노력하기에 따라서 내 삶이 다양하고 재밌게 흘러갈 수 있겠다고 생각했다.

성장형 마인드 셋과 고정형 마인드 셋이 있다.

성장형 마인드 셋(Growth Mindset)과 고정형 마인드 셋(Fixed Mindset)은 심리학자 캐롤 드웩(Carol Dweck)의 연구에서 제시된 개념으로, 개인의 학습, 성공, 실패에 대한 태도와 사고방식을 설명한다. 성장형 마인드셋은 발전과 학습을 가능하게 하고, 실패와 도전을 긍정적으로 바라보며 성장하는 데 도움을 준다. 반면, 고정형 마인드셋은 자신을 제한하고 발전을 방해하는 태도로 이어질 수 있다는 것이다.

두 사고방식은 훈련과 자기 인식을 통해 변화시킬 수 있으며, 성장형 마인드셋을 키우는 것이 개인의 삶과 성과에 더 긍정적인 영향을 미친다는 것이다. 과거의 난 타고난 재능이 하나도 없다고 여겼다. '나는 원래 이런 걸 잘 못해. 아무리 해도 소용없어.' 실패를 나의 재능 부족으로 간주했었다. 익숙한 환경에 머물기를 선호하며, 변화에 대해 두려움을 느끼는 경우가 많았다. '익숙하지 않은 것은 불편해. 차라리 안 하는 게 낫겠어.' 실패를 자존감과 결부시켰고 성인이

돼서도 실패할 때마다 자존감에 큰 타격을 입었다.

세월이 지나 매년 맨발로 산을 오르며 봤다. 척박한 땅, 바위틈에도 작은 들꽃은 피어 있었다. 지금의 나는 성장형 마인드를 가진 사람이 되었다. 능력은 노력과 학습을 통해 무한히 발전할 수 있다고 믿는다. 도전과 배움을 즐긴다. 실패를 통해서 배웠기에 감사하며 다시 도전한다. 어렵지만 할 수 있다. 그리고 '우리는 반드시 해낸다.' 맨발 걷기는 나의 결핍을 성장의 씨앗이 되도록 도왔다.

27

아무리 바빠도 다 해낼 수 있다

2024년 5월부터 9월까지 지방에 파견근무를 갔었다. 급성 장염으로 5일간 입원 후 퇴원한 바로 다음 날이었다. 입원 후유증으로 체중이 5kg 빠졌고 대부분의 근력을 잃었기에 절망적이었다. 힘이 너무 없어 걷기도 버거웠다. 퇴원 후, 한 달은 복통을 일으키는 잔당(?)들 때문에 화장실도 자주 들락거렸다. 업무량도 만만치 않았다. 파견지에서 내가 할 일은 연중무휴로 운영되는 판매 시설의 정상 작동과 근무 인력을 관리하는 총괄 책임자 역할이었다. 20년 했던 그 일을 더는 하고 싶지 않아서 마침표를 찍었는데, 지인의 삼고초려로 150일 연장했다. 부임 후 살펴본 사업장 실태는 오기 전 듣던 바와는 너무도 달랐다. 심각했다. 40여 명의 근무자들은 의욕도 목표 의식도 없었다. 표정이 모두 어두웠다. 영업 관련 시설물들이 멈추기 직전인 것도 많았고, 심지어 더 방치하면 사고 위험도 있었다. 시설

물 운영 담당자도 몇 개월째 공석이었다. 모든 것을 되돌려 놓아야만 했다. 밥도 굶고 일했다. 수면 시간도 줄였다. 그래도 기쁘게 하루하루 견뎌낼 수 있었던 것은 자격증을 따려는 목표가 있었기 때문이었다. 바쁜 일과를 소화하며 꾸준한 운동으로 몸과 마음을 추스르기 시작했다.

파견지에서 내 일상도, 맡은 업무도 안정화될 무렵 목표했던 1급 걷기지도자 자격시험에 도전한 나와 동기들이 마지막 평가를 위해 전국에서 모였다. 7월 말 뜨거운 태양 아래 마지막 20km 걷기 테스트를 끝내야만 했다. 출발 전 준비 운동을 하는 동안 강사진의 열정 넘치는 강의에 흠뻑 빠져들었던 시간이 떠올랐다. 국가대표 선수들의 코치로서 평생 운동을 연구한 교수의 가르침도 있었다. 매년 수천 km를 걷고 수십 년 동안 수만 km를 트레킹한 강사의 눈빛과도 마주했다. 그 강연자의 눈과 마주쳤을 때는 가슴이 벅찼다. 그 놀라운 경험담을 듣는 재미에 몸은 피곤했지만 참을 수 있었다. 1급 걷기지도자 자격을 받으려면 50일 동안 매일 6km, 총 300km 이상 GPS 인증 걷기를 해야 했다. 달리면 300km 목표를 빠르게 달성할 수 있었지만 걷기만 인정했기에 답답해도 규칙을 지키며 걸었다. 교육과정 마지막 날 뜨거운 태양 아래 도심지를 걷고 숲속 둘레길도 걷기로 했다. 최종 결과는 394km 1급 합격. 12주가 걸렸다. 주말마다 교육장까지 3개월간 총 3,600km를 왕복 운전했다. 수업 과정에서 보았던 놀라운 사람들을 내가 닮아가고 있음에 뿌듯했다. 그리고 자격증을 받던 날 나에게 격려를 보냈다.

'1급 걷기지도자 도전과 합격을 축하해. 너의 꿈에 한 발 더 다가섰다. 수고했어.'

도전도 멈추지 않았다. 불수사도북에 재도전도 했고. 마지막 봉우리 북한산 백운대 정상에 맨발로 올라서서 '이제 나는 세상 두려운 것 없다.'라고 외쳤다. 일상에서 힘든 일을 헤쳐나가고 목표를 향해 배우고 도전하는 내 모습이 자랑스러웠다.

포기하지 않고 계속해 나간 것이 또 있었다. 매주 목요일 아침 7시 글쓰기 단톡방에 내 생각을 정리해서 글도 올렸다. 반년 넘게 한 번도 늦거나 거르지 않았다. 이런 노력 덕분에 나의 일상, 도전, 성취의 모습을 기뻐해 주는 많은 이들의 응원도 받았다. 내가 무엇인가 이루었던 순간보다 행복감이 더 오래 지속되었다.

좀처럼 끝나지 않을 것 같았던 파견 생활도 어느새 끝을 보이고 있었다. 함께 일했던 직원들은 나와의 이별을 아쉬워했다. 5개월, 잠시 일했던 회사에도 나를 지켜본 동종 업계 회사에서도 함께 일하자는 제안을 많이 받았다. 하지만 모든 제안을 정중히 거절했다. 이유는 내가 앞으로 새롭게 개척해 나가야 할 인생길이 보였고 확신이 들었기 때문이었다.

'지금까지 겪었던 이 힘든 날들은 나를 각성하기 위함이다.'

'위기와 고난은 넘어서라고 있다.'라는 말이 생각났다. 앞으로 내가 재설계한 삶이 절대 녹록하지 않다는 것을 알고 절실하게 꾸준히 노력하라는 뜻으로 받아들였다. 과거의 나와 지금의 나는 완전히 다르다. 일과를 마치면 힘들다고 술에 취하고 중독돼 술이 술을 마셨다. 문득 퇴사하기 한 달 전, 술자리 모임에서 술도 마시지 않고 지인들과 헤어지던 날이 생각났다. 주차장에서 지인들은 한결같이 오늘과 다가올 내일이 힘겹다고 했다. 하지만 배운 것이 도둑질이라 별수 있겠냐고도 했다. '이렇게 살기 싫다'가 결론이었다. 나 역시 3년 전만 해도 그런 마음이었다. 하지만 그날만큼은 달랐다. 난 이미 지긋지긋한 이 굴레에서 떠날 준비를 하며 나를 성장시켰다. 아무리 바빠도 목표만 뚜렷하면 다 해낼 수 있다는 것을 파견 생활을 통해 깨달았다. 덕분에 난 언제나 웃을 수 있다.

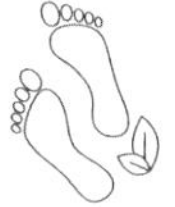

28

맨발 걷기가 나에게 준 선물

40명이 함께 모여 맨발 걷기에 대해 배우고 경험하는 특별한 하루를 보낸 적이 있다. 오전에는 명상과 걷기에 관한 수업이 진행되었고, 오후에는 치악산 둘레길을 함께 걸었다. 맨발로 걷는 의미와 변화를 참가자들과 공유하는 시간도 가졌다. 참가자 중에는 맨발 걷기를 처음 하는 사람도 있었고, 나처럼 수년간 꾸준히 한 사람도 있었다. 둘레길에는 맨발로 걷기 쉬운 부드러운 황톳길도 있었고 까슬거리는 돌길도 있었다. 두 종류의 길을 걸으며 맨발의 감각을 먼저 일깨웠다. 그리고 숲에서 휴식하며 각자의 맨발 경험담을 이야기하기로 했다.

먼저 60대 초반 현직 걷기 강사가 청중을 향해 이야기를 시작했다. "지금, 이 순간 가장 중요한 것이 무엇일까요? (중략) 가장 중요한 것은 나를 살피고 나의 건강을 챙기는 것."

'맞다. 건강을 잃으면 다 잃는 것이니까.'

한 가지 생각, 내가 빨리 낫기만을 바란다면 나는 정말 아픈 것이다. 그랬던 때가 떠올랐기에 나는 강사의 말에 공감의 박수를 보냈다. 그리고 내 차례가 됐을 때 3가지 관점에서 말했다.

"첫째는 신체의 변화입니다. 맨발로 걷기 시작하면서, 처음에는 발바닥의 통증과 발목의 불편함이 느껴졌습니다. 그러나 서서히 내 몸이 깨어난다는 것이 느껴졌고 상쾌함에 눈을 떴습니다. 맨발에 대한 열정으로 내 생활이 변하기 시작했고, 이곳 치악산 정상도 맨발로 오릅니다. 과거 저는 한쪽 종아리 하지정맥으로 달리기, 등산할 때 종아리 컴프레션(압박밴드)을 착용해야만 했습니다. 등산할 때 늘 오른쪽 발가락이 아팠습니다. 장거리 산행 시에는 꼭 무릎보호대를 했습니다. 하지만 맨발이 되고 1년이 지난 후부터, 설악산 대청봉도 그 험하다는 공룡능선을 걸을 때도 아무것도 착용하지 않습니다.

둘째, 소비 중독에서 벗어났습니다. 저는 등산화 신상품을 좇느라 시간을 허비하고 있었습니다. 그때는 소비가 내 삶의 일부라고 믿었죠. 신제품 인터넷 후기를 새벽까지 찾아봤습니다. 정작 구매해서 마음에 안 들면 처박아 뒀습니다. 내 인생의 소중한 시간과 돈을 낭비한 것을 후회했습니다. 맨발 걷기를 통해 신발의 의미를 다시 생

 맨발 걷기가 내게 알려준 것들

각하게 되었고 불필요한 소비를 멈추었습니다. 그 대신 더 의미 있는 곳에 나의 자원을 쓰기로 결심했습니다. 절약한 돈을 불우한 아이들 돕기와 환경단체에 정기적으로 기부합니다.

마지막 세 번째 가장 중요한 변화는 맨발로 산을 오르며 내 안에 웅크려 있던 용기를 되찾았습니다. 내가 어린 시절 꿈꾸던 작가의 길로 나아가는 힘이 되었습니다. 작가가 되기 위한 새로운 도전도 시작했습니다. 이제는 두려움 없이 내 이야기를 세상과 나누고 싶고 누군가에게 용기와 희망을 주고 싶습니다. 제 이야기 들어주셔서 고맙습니다."

이렇게 맨발 걷기를 통해 몸과 마음이 건강해지면서 소비, 알코올 같은 생활 중독을 뿌리칠 힘도, 불쑥 찾아드는 중독에서 나를 지킬 방패도 만들었다. 용기를 되찾았기에 인생의 전환점을 찾았고 새로운 삶의 목적을 향해 꾸준히 나아가고 있다. 신발을 벗고 숲으로 한 걸음 내디며 보자. 그곳에 내가 원하던 새로운 인생이 기다리고 있을지도 모른다.

29

맨발 걷기는 건강을 위한 향신료다

'먹는 것이 우리다.'라는 말이 있다. 프랑스의 정치인이자 미식가인 장-앙텔름 브리야-사바랭(Jean-Anthelme Brillat-Savarin)의 저서 '미각의 생리학'(1825)에서 유래된 말이다. 그는 "내가 무엇을 먹는지 말하면, 나는 당신이 무엇인지 알 수 있다."라고 말했다. 음식이 우리의 건강과 존재에 미치는 영향을 강조한 것이다. 나 역시 건강을 위한 맨발 걷기의 효능을 생각할 때 무엇보다 먼저 생각해야 할 것이 음식과 물이라고 생각한다. 정성과 손맛이 담긴 식사와 깨끗한 물이 맨발 걷기보다 더 중요하다는 것이 내 생각이다. 그런데 나는 좋은 식사 대신 인스턴트 푸드를 먹고 술도 마시며 맨발 걷기가 마치 해독제인 것처럼 착각에 빠지곤 했다. 음식의 중요성을 말하자면 책 한 권으로 모자랄 것이고 관련 책도 많다. 따라서 내 경험을 토대로 물과 혈액순환 그리고 맨발과의 관계를 말하려고 한다.

평소 나는 물을 2.5리터 이상 마시는 하마 같다. 문제는 술, 즉 알코올이다. 술을 좋아한다는 표현은 적절하지 않다. 알코올 중독이라는 표현이 내게 맞을 것 같다. 온갖 핑계로 술을 마셨다. 어느 날 오랜 세월 주류회사에서 일하고 있는 지인이 소주 안주로 제일 좋은 것은 무엇인지 아냐고 내게 물었다. 술 내기라 신중하게 생각했다. 처음에는 물을 생각했다가 내가 "과일?"이라고 답하자 "땡!" 비슷하다고 했다. 정답은 물이었다. 다음 이유로 지인은 내게 소주 안주로 물을 권했다.

1. 이뇨 작용 증가

알코올은 신장에서 항이뇨호르몬(ADH, 항이뇨호르몬)을 억제한다. ADH는 신장이 수분을 재흡수하도록 돕는 호르몬인데, 이 호르몬이 억제되면 소변으로 더 많은 수분이 배출된다.

2. 탈수 유발

과도한 소변 배출로 인해 체내 수분이 줄어들면서 갈증을 느끼게 되고, 심하면 탈수 증상이 나타날 수 있다. 이는 두통, 피로, 어지럼증 등의 숙취 증상으로 이어질 수 있다.

3. 전해질 불균형

수분 손실이 증가하면 나트륨, 칼륨, 마그네슘 등의 전해질도 함께 배출돼 전해질 불균형이 발생할 수 있다. 이러한 불균형은 근육 경련, 피로감, 심박수 변화 등의 문제를 유발할 수 있다.

4. 혈액 농축

체내 수분이 부족하면 혈액이 농축되면서 혈액순환과 신체 기능에 부담을 줄 수 있다.

알코올은 이뇨 작용을 촉진해 체내 수분 균형을 방해하고 위와 같은 주요 메커니즘으로 몸을 망친다고 했다. 술이 이만큼 해롭다는 것을 알면서도 마시는 내가 바보 같다는 생각이 들었다. 참 웃기는 것은 술을 안 마시면 되는데 소주를 물에 타서 마셨다. 이렇게라도 마셔야 하는 내가 안쓰러웠다.

'닥터U의 여자의 물'이라는 책에서 눈길을 끈 대목이 있었다. 우리 몸의 70%는 물이라는 것은 나 역시 아는 사실이었다. 하지만 인체 조직마다 수분 비율이 다른 것은 처음 알았다. 심장, 폐, 신장은 80% 심지어 혈액은 90%가 수분이다. 그뿐만이 아니다. 나도 즐겨 마시는 커피는 2배, 모든 종류의 차와 음료는 1.5배 이상 이뇨작용으로 수분을 배출한다는 것이었다. 이 정도로 많은 수분을 몸에서 배출하는지 몰랐기에 적잖이 놀랐다. 커피를 마실 때면 안 그래도 나이 들어가면서 얼굴이 더 쭈글쭈글해진다는 생각에 마시는 횟수도 양도 줄였다.

지극히 내 개인적인 견해지만, 맨발 걷기로 얻게 되는 가장 큰 효능은 바로 혈액순환이다. 현대인들은 움직임이 줄어들면서 혈액이 몸을 도는 속도가 느려지고 정체 구간이 많다. 또 적혈구들도 잘 뭉친다. 혈액순환이 느려지는 또 다른 요인이다. 특히 설탕이 많이 가미된 음식 섭취로 혈관 내 당 성분이 증가해 혈액이 *끈끈해진다*. 음료수를 흘리면 잠시 뒤 *끈끈함*을 느낄 수 있다. 우리 몸도 한계가 있는 법. 그래서 수분이 많이 함유된 채식을 권하지만, 오히려 육식 섭취 증가로 혈관 내 콜레스테롤도 쌓여간다. 혈관이 노화되고 딱딱해지고 심지어 막히는 이유이다. 그런데 물을 안 마시면 얼굴도 몸도 더 빨리 노화되고 수분이 빠진 자리에는 기름이 채워져 살이 더 통통하게 오른다. 다행인 것은 맨발로 걸으면 적혈구들이 서로 뭉치는 것을 풀어준다는 내용을 담은 논문을 봤다. 하지만 맨발 걷기가 혈관 내 콜레스테롤 수치를 낮춰주고, 당으로 인해 *끈끈해진* 혈액을 묽게 해주지는 않는다. 체내 부족한 수분을 채워주지 않는다. 맨발 걷기보다 물 잘 마시기가 더 중요한 이유이다.

치악산에서 내려온 후 갑자기 어지러워 앞으로 고꾸라질 뻔한 적이 있었다. 이유는 간단했다. 전날 소주 2병(360ml*2 = 720ml)을 마셨다. 그렇다면 내 몸에서 최소 720ml의 수분은 빠져나갔다. 그에 비해 수분 보충은 아침에 마신 물 한 컵이 다였다. 턱없이 부족했다. 더구나 등산하는 동안 마신 물은 1리터였다. 평소 마시던 양의 절반도 못 마신 것이었다. 땀을 뻘뻘 흘리고 맨발로 온 산을 누비고 다녔는

데 만일 내가 쓰러졌다면, 누군가에게 도움을 요청했을 것이다. 맨발로 누워 있는 나를 구조대가 바라보고 있는 모습을 상상하니 얼굴이 다 화끈거렸다. 차에 앉아 물을 충분히 마시고 30분 정도 지나서야 어지러움이 사라졌다.

"우리가 먹는 것이 우리다. 건강한 몸과 마음을 만드는 데 균형 있는 식사와 물이 제일 중요하다." 정말 맞는 말이었다. 맨발 걷기는 맛있는 음식에 살짝 뿌려 먹는 아주 감미로운 향신료 같은 것이다.

30

어머니의 산 지리산 화대 종주

지리산 화대 종주를 준비하고 있었다. '나는 왜 이 길을 맨발로 걷는가?' 자문하고 각오를 다졌다. 지리산을 걷는 도전은 행복이라고 외치며 나를 독려했다. 내가 왜 그토록 지리산에 가야만 했는지 그 길을 걷고 나서야 깨달았다. 그리고 가슴 아픈 현실을 마주했다.

'나는 왜 이 길을 맨발로 걷는가?'

그 답을 찾기 위해 치악산 비로봉을 하루 두 번 올랐다. 등산 후 허겁지겁 먹은 두부김치 '소맥' 덕분에(?) 편두통으로 눈을 떴다. 허벅지 통증으로 어기적거리며 걸었다. 더 자고 싶었지만 집을 나섰다. 늦은 오후 양평 백운봉 정상에 올랐다. 아득히 멀리 어제 오른 치악산 비로봉을 다시 봤다. 전날 치악산 맨발 산행이 힘들었음을 허벅지의 뻐근함이 말해 주었다. 그런데 다음 날 백운봉을 맨발로 또 오르는 이유는 지리산 화대 종주를 준비하기 때문이었다. 작년 북한산 35km 종주는 인내의 시간을 맛보는 과정이었다. 올해 5월 화대 종주는 더욱 힘겨울 것이기에 그 결심이 확고한지 알고 싶어 나를 한계점까지 밀어붙여 봤다. 화대종주는 어떤 면에서는 단순하다. 전남 구례군 화엄사에서 출발, 지리산 천왕봉을 오르고 경남 산청군 대원사까지 길을 따라서 46km를 걷기만 하면 된다. 그렇지만 자세히 들여다보면 넘어야 할 고비가 너무 많아 내가 해낼 수 있을까 걱정이 밀려왔다. 새벽 1시 어둠을 뚫고 라이트 불빛에 의지해 오르고 구간 구간 제한 시간 안에 통과해야 한다. 한낮 땡볕 아래 35km쯤 걸었을 때 '내가 왜 이러고 있나 후회할 수도 있다.' 아직 10km 이상 남았다는 이정표 앞에서 분명 또 한 번 주저앉을 것이다. 어둑해지는 석양 아래 끝이 없어 보이는 너덜 바윗길이 눈앞에 펼쳐지면 두려운 마음으로 어둠 속을 혼자 걸어가야 할 것이다. 하지만 난 반드시 해낼 것이다.

세상에는 많은 종류의 도전이 있다. 도전은 나를 성장으로 이끈다. 성장은 곧 행복이다. 그리고 오늘 도전을 준비하는 설렘이 참 좋다. 시간은 빠르게 흐르고 오늘 도전하지 않으면 내일은 할 수 없을지 모른다. 미루면 두 번 다시는 할 수 없을 수도 있다. 화대 종주를 마치고 환하게 웃는 내 모습을 상상하면 행복한 기분이 든다. 그날을 위해 맨발로 산을 오르고 정상에 서서 이렇게 질문한다. 나는 왜

 맨발 걷기가 내게 알려준 것들

이 길을 맨발로 걷는가? 그리고 대답했다.

'오늘이 나의 가장 젊은 날. 도전!'

당시 이것이 새로운 도전에 대한 답이라 생각했고 나를 독려하기 시작했다.

지리산 화대 종주는 도전과 행복

화대 종주에 도전한다는 것은 대한민국 3대 종주 중 하나로 매우 힘들고 긴 장거리 산행을 해내는 것이다. 전남 구례군 화엄사에서 출발, 경남 산청군 대원사까지, 지리산 주 능선을 오르고 내리며 46km 걸어야 한다. 2년 전 처음 알았을 때 버킷 리스트에 담았다. 이 종주를 꼭 하고 싶다고 마음먹었기에 거의 매주 산을 탔다. 거리도, 높이도 차츰 늘려갔다. 그런데 출발을 30일도 채 안 남긴 5월 초, 급성 장염으로 입원했다. 2년 준비가 한순간에 와르르 무너졌다. 나흘 후 퇴원할 때 체중이 5kg 이상 빠졌고 입던 바지와 속옷마저 헐렁해졌다. 코어 근육 대부분을 잃었다. 그때 8년 전 게으르고 나약하며 신경질적이던 40대 중반의 동네 아저씨 나의 모습이 떠올랐다.

'내가 얼마나 힘들게 그 나약함에서 벗어났는데, 절대 포기할 수 없어.'

그 마음으로 다시 5개월을 준비했다. 바쁘고 힘든 지방 파견 생활 중에도 주 3회는 산을 오르거나 동네를 달렸다. 꾸준한 근력운동으로 몸이 서서히 되살아났다. 9월 30일 5개월 파견 생활이 끝나던 날 밤, 기쁜 마음으로 지리산 화대 종주 산행 짐을 꾸렸다.

10월 2일 새벽 4시. 지리산 화엄사 앞에 홀로 섰다. 첫날은 강풍 속을 맨발로 걸었고 둘째 날은 비바람 속을 헤치고 나아갔다. 포기하지 않고 끝까지 걸었다. 나의 화대 종주는 총 46km, 25시간 18분, 누적 상승고도 3,960m로 기록됐다. 그중 30km를 맨발로 걸었기에 더 특별했다. 종주 후 나에게 정말 행복했냐고 물었다.

'음. 많이 힘들었지만, 더없이 행복했다.'

포기하지 않으면 꿈은 이루어진다고 지리산은, 어머니의 산은 나에게 말해 주었다. 내년 5월 어느 화창한 날에 나는 다시 지리산 화대 종주를 할 것이라 다짐했다. 그 이유는 종주하며 담았던 사진을 볼 때마다 미소를 짓기 때문이었다. 그렇게 종주가 끝났다고 생각했다.

일주일이 지났다. 이상하게도 지리산 구상나무 주변에서 풍기던 냄새가 계속 떠올랐고 그 이유를 몰랐다. 기쁨의 여운은 이미 아득했는데. 그 시큼한 냄새 때문인가? 그때 지리산에서 길을 잃고 헤맸던 세석평전이 떠올랐다. 국립공원은 이정표가 아주 잘 되어 있어서 길을 잃는 것은 드문 일이다. 하지만 나는 길을 잃었다. 줄지어 늘어선 1,600~1,800m 이상의 고봉들은 새벽부터 비구름에 덮여 있었다. 나는 그 비구름 속에 있었다. 이 길이 맞나 싶어 누군가에게 묻고 싶었지만 궂은 날씨 때문인지 아무도 없었다. 시야가 30~40m밖

 맨발 걷기가 내게 알려준 것들

에 되지 않았다. 걷다 보니 길이 끝난 것처럼 보였지만, 북한산에서는 흔하게 넘어 다녔던 암릉이 보여서 힘겹지만 타고 넘었다. 오래된 담배꽁초와 휴지 조각도 보였다. 길인가, 아닌가, 이상하다고 생각했지만 맞겠지 싶어서 계속 내려갔다. 한참 뒤 길이 사라졌다는 것을 깨달았다. 무엇이 잘못됐는지 도무지 알 수 없었다. 두려움이 밀려들었고 심장이 빠르게 뛰었다. 조바심에 판단력이 점점 흐려졌고 더 내려가다가 흠칫 놀라 멈춰 섰다. 짐승들만 다닌 흔적이 있는 조릿대 숲에 내가 서 있었다. 식은땀이 났고 20%가 채 남지 않은 핸드폰 배터리는 빠르게 소진되고 있었다. 뒤돌아보니 내려왔던 길이 '쉭쉭' 소리를 내며 빠르게 흐르는 비구름에 가려져 잘 보이지 않았다. 너덜 바위를 마구 내려왔기에 어디가 길인지도 알 수 없었다. 아무리 생각해도 어처구니없었다. 조바심이 극에 달했다. 갑자기 소나기도 내렸다. 그 자리에 멈추고 숨죽인 채 꼼짝도 하지 않았다. 나대던 심장이 차분해졌고 방향을 돌렸다. 내려왔던 길을 더듬듯 한 발 한 발 다시 올랐다. 마침내 실수로 넘었던 그 암릉이 보였고 사람들의 인기척이 들렸다. 바보 같았던 내가 다치지 않고 길을 잘 찾아 돌아와서 고마웠다. 처음 만난 등산객에게 길을 묻자 친절한 대답이 돌아왔다. 그 등산객이 가리킨 방향을 보니 길을 잃기 전 보이지 않던 이정표가 떡하니 보였다. 여기는 '촛대봉. 장터목대피소 2.7km, 천왕봉 4.4km.' 이게 무슨 조화냐 싶었다. 시간이 많이 지체됐지만 결국 종주는 무사히 끝낼 수 있었다.

집으로 돌아와 세석평전을 검색했더니 관련 기사가 보였다. 크리스마스트리를 닮은 우리나라 특산종 구상나무가 지리산 군락지에서 7만 그루가 고사했다는 내용이었다. 반야봉과 중봉에서의 고사율이 70%로 가장 피해가 컸다. 봄철 극심했던 가뭄이 고사의 가장 큰 원인이었다. '아, 그래서 내가 중봉을 넘을 때, 사방에서 시큼하고 상한 냄새 같은 것이 계속 났었구나.' 이때 알았다. 다행히 길을 잃고 헤매던 세석평전 인근에서 키운 '어린 구상나무'를 피해 지역에 옮겨 심을 계획이라고도 했다. 내가 걸어본 지리산 주 능선 46km에서 지리산을 왜 어머니의 산이라고 부르는지도 깨달았다. 지금껏 내가 맨발로 걸어본 모든 산을 품고 있는 거대한 산이 지리산이었다. 우리가 나고 자랄 터전을 준 모태의 자연이었다. 그렇지만 어머니의 산, 지리산도 아프다. 폭염과 가뭄으로 고통받고 있다. 실상 어머니의 산도 이러하기에 우리 주변의 산과 숲도 주의 깊게 살필 필요가 있다. 우리 인근 숲속 생태계가 빠르게 무너지고 있다. 나무들이 메말라 죽어가고 있다. 숲이 사라지면 우리 삶도 함께 사라지는 것이다.

다시 찾을 지리산 화대 종주에서 나는 그간 산에서 받기만 했던 선물을 엄마의 품에 되돌려 주려고 한다. 산과 숲, 자연의 아픔이 회복될 수 있도록 작은 기부를 이어가기로 했다. 자연에 생존권을 부여하자는 세계적인 움직임에 눈을 뜬 계기가 되었다. 어머니의 산 우리의 산이 다시 건강하게 회복되기를 꿈꾸고 함께 생존하려고 한다.

 맨발 걷기가 내게 알려준 것들

미래 세대에게 진 빚

벚꽃이 만개했던 날, 북한산성 14성문과 북한산 정상 백운대까지 모두 맨발로 오르고 마지막 14번째 성문인 수문을 향하고 있었다. 해는 산등성이를 넘어가고 있었고 마지막 봄볕을 담은 석양이 붉게 물들고 있었다. 그때 다정한 엄마의 목소리가 들렸다.

"아이고, 잘하네. 우리 아기."

아기는 걸음마를 시작한 지 얼마 되지 않아서 뒤뚱거렸다. 걷다가 앞으로 넘어지다가도 손을 짚고 다시 일어서기를 반복했다. 엄마는 지켜볼 뿐 일으켜 세우지 않았다. 엄마의 격려와 칭찬이 이어졌다. 또 넘어진 아기는 엄마가 내민 손을 거절하고 다시 혼자 일어섰다. 그리고 잠시 뒤 아기와 엄마는 손을 잡고 석양을 향해 다정하게 걸으며 붉은 노을빛에 물들고 있었다. 아, 나도 저렇게 엄마 손에서 컸을 텐데 싶어서 울컥했다. 저 아기가 예쁘고 건강하게 무럭무럭

자라기를 가슴 깊이 기원했다. 그리고 마음 한구석에 서글프고 미안한 마음이 들었다.

사실 북한산성 14성문 종주는 이때가 두 번째였다. 3월 초 처음 14성문을 걸을 때는 동네 뒷산에 봄기운이 완연해서 북한산에도 봄이 온 줄 알았다. 그때는 서암문, 북문, 백운봉 암문, 3개만 맨발로 오를 수밖에 없었다. 백운대 정상부는 눈과 얼음 천지였다. 정상 백운대를 찍고 4번째 성문인 용암문으로 가는 길은 여전히 하얀 겨울왕국이었다. 상상도 못 했기에 허걱 놀랐다. 그런데 맨발의 나를 본 등산객들이 줄줄이 놀라는 모습을 보고 '내가 너무 심했나?' 하는 생각도 들었다. 하지만 이건 내가 산에 오르는 맛이다. 포기할 수 없었다. 걷다가 "여기 맨발 도사님이 있었네요."라는 말을 듣고 서로 한참을 웃었다. 그렇게 또 걷다가 북한산성의 참모습을 보았고 숨이 멎을 듯, 넋을 잃고 말았다. 세상은 고요했고 내 숨소리만 가득했다. 겨울 고즈넉한 성벽의 정취에 흠뻑 빠졌다. 돌아와 북한산성에 대해 알아보고 오랜 세월 외세의 침략에서 우리를 지켜준 유산이었음에 더 특별한 마음이 들었다. 봄이 오면 꼭 다시 오리라 다짐했었다.

» 찐프로가 찍고 선정한 북한산 14성문 종주의 시그니처

불과 한 달도 채 지나지 않아 동네 뒷산에도 들꽃이 피었고 도봉산에도 진달래가 한창이었다.

북한산 정상에도 봄이 왔음을 알 수 있었다. 이번에는 오롯이 처음부터 끝까지 맨발로 걷고 싶었다. 숨이 멎을 듯했던 그 자리에 다시 서고 싶었다. 하지만 이 14성문 종주를 오롯이 느끼려면 최소 17km, 8시간 이상 걸어야 한다. 오르막과 내리막이 반복되는 바윗길, 숲길, 봉우리를 넘어설 체력도 필요하다. 지난번처럼 서두르지 않았고 때를 기다렸다. 드디어 한낮에 반팔 차림이 어색하지 않았다. 내가 어릴 때는 4월에도 매우 쌀쌀했는데 벌써 여름 날씨가 된 듯했다. 다시 북한산에 오를 때가 왔다는 것에 반가웠지만, 한편으로는 이렇게 빨리 날이 더워지면 안 되는데 하는 생각에 착잡했다.

다시 찾은 출발점은 화창했지만 더웠다. 지금은 사용할 것 같지 않은 오래된 공중전화 부스를 봤다. 잠시 옛날 내 고향 서울 모습이 드리워졌다. 늘 올 때마다 설렘으로 두근두근했지만, 이날은 마치 안 좋은 꿈이라도 꾼 듯 마음이 뒤숭숭했다.

두말할 것 없이 멋진 풍경과 경치를 감상했다. 과거와 현재, 미래의 공존을 느낄 수 있는 14성문 종주였다. 판에 박힌 표현 같지만, 북한산의 장엄한 경관과 조선시대 축성된 북한산성의 역사적 유산을 탐방할 수 있는 특별한 산행이었다. 그런데 마지막 수문 앞에서 엄마와 아기의 맞잡은 손이, 함께 노을에 물드는 모습이 어찌나 애

 맨발 걷기가 내게 알려준 것들

잔했던지 자꾸 떠올랐다. 그리고 내가 그 순간 느꼈던 미안한 마음과 서글픔이 어디서 비롯됐는지 알게 되었다. 내 스마트폰 속 사진들을 보다가 우연히 찍어두었던 신발장 사진을 보고 깨달았다. 서글픔은 다가오는 2050년 기후대변화 때문이었고 미안한 마음은 나의 과소비 때문이었다. 사진 속 내 등산화 10켤레, 러닝화 10켤레는 지구 온난화 가속, 노동 착취, 공장 노동자의 기본 생존권 박탈, 교육 기회의 상실이라는 숨겨진 사실을 품고 잠들어 있었다.

2023년 기준. 전 세계 신발 생산량은 약 239억 켤레로, 코로나19 팬데믹 시기를 지나며 다시 성장세를 보였다.(2022년 기준 292억 켤레) 아시아 지역이 전체 생산량의 상당 부분을 차지하고 있다. 2023년 세계 인구는 약 80억 명에 달하고 평균적으로 전 세계 인구 1인당 약 3켤레의 신발이 생산되고 있는 셈이다. 과다한 신발 제조로 인한 환경적 피해는 대략 다음과 같다.

1. 자원 소비

원재료 생산: 신발 제조에 사용되는 가죽, 합성 섬유, 플라스틱, 고무 등의 원재료는 천연자원과 화석 연료를 많이 소모한다. 가죽 신발을 만드는 데 약 8,000에서 1만 2,000리터의 물이 소요된다. 가죽 생산은 방대한 양의 물을 소비하고, 가죽을 얻기 위한 축산업은 삼림을 파괴하고 메탄가스를 배출한다. 합성 섬유나 고무는 석유 기

반 자원을 사용하며, 이 과정에서 많은 탄소가 배출된다.

2. 탄소 배출

신발 생산은 제조, 가공, 운송 과정에서 상당한 온실가스를 배출한다. 한 켤레의 운동화 생산 과정에서 약 14kg의 이산화탄소가 배출된다고 알려져 있다. 특히 글로벌 공급망에 의존하는 브랜드는 운송 과정에서 많은 에너지를 소비한다.

3. 화학물질 오염

염색 및 가공: 신발 제조에 사용되는 염료, 접착제, 방수제 등은 강력한 화학물질을 포함하고 있으며, 제대로 처리되지 않으면 토양과 수질 오염을 초래한다. 이러한 물질은 공장 노동자와 지역 주민들의 건강에도 악영향을 미친다.

4. 폐기물 문제

신발은 재활용이 어려운 복합 소재로 만들어져 매립되거나 소각된다. 플라스틱 및 합성 소재는 분해까지 수백 년이 걸리며, 미세 플라스틱 문제를 일으킬 수 있다. 매년 약 240억 켤레의 신발이 생산되며, 대다수가 단기간 사용 후 버려진다.

5. 생태계 파괴

삼림 파괴: 고무나 가죽 원료를 얻기 위해 열대우림이 파괴되기도 하며, 이는 생물 다양성을 위협한다.

바다 오염: 신발 제작에서 발생한 플라스틱 폐기물은 해양으로 흘러가 생태계를 훼손한다.

해결 방안은 지속 가능한 소재(재활용 소재, 생분해성 소재, 식물성 소재) 사용을 확대하는 것이다. 순환 경제 도입(신발 수리, 리사이클링 프로그램 활성화)과 생산 효율 개선으로 에너지 효율성을 높이는 방법, 탄소 배출을 줄이는 제조 공정 도입도 있다. 하지만 나는 우리 개개인의 소비 패턴 변화가 가장 빠르고 효과적인 방법이라고 생각한다. 필요한 만큼만 구매하고 오래 사용할 수 있는 품질 좋은 제품을 선택하는 것. 소비자와 기업 모두가 냉철한 선택을 하는 것이 중요한 시점이다.

외세의 침략에서 우리를 지켜주던 성곽을 걸으며 난 과거로 돌아간 듯했다. 14개 북한산성에서 가장 낮은 곳, 북한산 정상에서 시작된 물줄기가 하나로 모여 통과하는 마지막 14번째 성문, 수문(水門) 앞에서 엄마와 건강한 아기를 보며 밝은 미래를 보는 듯했지만, 마음이 편치 않았다. 이 아기가 건강하게 자라서 선조가 축조한 14개 성문을 찾기를 바랐다. 나처럼 이곳을 찾아와 멋진 경치를 감상하고 감탄하기를 기원했다. 기원이 이루어지려면 어른들의 즉각적인 행동 변화가 필요하다. 내가 기후 우울증에서 벗어나면서 깨달은 점이 있다. 온전하고 깨끗한 지구를 미래 세대에게 물려주려면 지금 당장 과소비를 멈추어야 한다는 것이다. 제대로 일하는 환경보호 단체에 기부도 해야 한다. 배출한 만큼 부담하는 탄소세 도입 같은 제도적인 장치가 마련되도록 우리가 힘써야 한다. 더 나아가 자연에도 보호받을 권리를 부여하자는 목소리가 크게 울려 퍼지기를 바란다.

맨발 걷기 5단계 세커(CECUH)

요즘 맨발 걷기에 대한 열기가 아주 뜨겁다. 전국의 지자체들이 앞다투어 맨발 걷기를 위한 황톳길을 조성하고 홍보에 박차를 가하고 있다. 하지만 맨발 걷기는 단순한 유행이 아니다. 꾸준히 하다 보면 몸과 마음이 변화되고, 성장하는 과정을 직접 경험하게 된다. 이 성장 과정을 나는 '5단계 세커(CECUH)'라고 부른다. 이는 맨발 걷기가 단순한 습관을 넘어 몸과 마음의 변화를 이끄는 과정임을 보여준다. 이를 통해 맨발로 걸을 수 있는 다양한 길이 우리 주변에 얼마든지 있다는 것도 깨닫게 된다. 이왕 맨발 걷기를 시작했다면, 산책을 넘어 도전 정신을 가미해 보는 것은 어떨까. 그런 의미에서 맨발 걷기의 성장 단계를 정리해 본다.

1단계(안락 Comfort 코스): 익숙한 곳에서 첫발을 내딛다

맨발 걷기를 막 시작한 단계를 말한다. 황톳길, 학교 운동장 등 맨발 걷기를 위해 조성된 평지를 주로 걷는 단계. 발이 아프진 않을까? 다치지는 않을까 걱정도 되고 떨리는 마음을 뒤로하고 맨발 걷기 경험을 쌓아간다. 맨발 걷기가 건강 증진과 회복에 도움이 된다는 믿음을 키워간다. 움츠렸던 몸을 펴고 걷기의 바른 자세를 만들어 가는 시기이다.

2단계(설렘 Excitement 코스): 새로운 감각이 깨어나는 시기

맨발로 걸어도 별다른 문제가 생기지 않는 것을 깨닫고 맨발에 대한 믿음이 생긴다. '와, 이거 신세계다!' 관련 정보도 찾아보고 맨발 걷기 시간을 점차 늘려가는 단계. 일상 대화 중에 맨발이라는 단어를 많이 언급한다. 맨발 걷기의 상쾌함에 자주 하고 싶고, 장단점을 이해한 상태이다. 잠들기 전, 다음 날 맨발 걷기를 떠올린다. 맨발 걷기를 하면 밤에 잠을 잘 잔다는 말을 직접 경험하게 된다. 맨발 걷기를 하는 동안 옆 사람과 편하게 대화한다. 평지에서 바른 자세로 걷는다. 동네 뒷산에도 오른다.

3단계(도전 Challenge 코스): 이제는 더 멀리, 더 빠르게!

우리의 본능인 걷고 달리기에 대한 감각이 깨어나는 시기. 맨발 걷기에 깊이 빠져들게 되고 동네 맨발 걷기 장소가 비좁고 아쉽게

 맨발 걷기가 내게 알려준 것들

느껴진다. 조금 더 먼 거리, 빠른 맨발 걷기를 하고 심지어 뛰어보기도 한다. 주변 사람들에게 맨발 걷기를 적극 추천한다. 여행을 가도 맨발 걷기 할 만한 장소가 있나 살펴본다. 맨발 걷기 장소를 포함한 여행지를 선택하기도 한다. 동네 뒷산은 자주 오르고 인근 다른 산도 물색해 본다. 발에 상처 나는 것을 두려워하지 않는다. 1~2단계와 가장 큰 차이점은 겨울 맨발 걷기를 도전한다.

4단계(극강 Ultimate 코스): 한계를 넘어, 진짜 나를 만나다

맨발로 내가 견딜 수 있는 한계를 극복한다. 맨발 도전을 위해 전국의 산을 찾아다닌다. 맨발로 등산로에서 거침없이 뛸 수도 있다. 험하고 거친 산도 반드시 오른다는 투지에 불타오른다. '위기는 넘어서라고 있는 것'을 외치며 사계절 맨발로 걷고 산에도 오른다. 이런 극한 상황을 극복하고 일상에서도 자신감이 가득하다. 극한 환경에서도 포기하지 않는 끈기, 정신력이 길러진다. 맨발 걷기 관련 자료들을 대부분 탐독했고 맨발은 이미 삶의 일부분이 되었다.

5단계(지옥 Hell 코스): 극한을 넘어서, 진정한 자유를 찾다

이 땅에서 손꼽는 험한 산과 10~30km 이상 종주 코스를 맨발로 걸어봤다. 험준한 지형과 계절적인 어려움(된더위, 혹한)도 모두 맨발로 극복했다. 새로운 맨발 도전이 즐겁다. 맨발 걷기를 일상에서 행복감을 끌어내는 삶의 도구로 잘 활용한다. 멀리 가지 않아도, 높고 거친 곳이 아니어도 좋다. 동네 뒷산에서, 산책로에서도 맨발로 걸을 수 있다는 것에 만족한다. 누군가에게 도움을 주고 싶어 한다. 일상에서도 작은 행복에도 감사하며 '맨발의 청춘'으로 살아간다.

나는 베테랑이고 싶다

　3년 전 어느 날이었다. 동네에는 주룩주룩 비가 내렸고 그리 춥지 않았다. 바쁜 일상에 지쳐서 휴식이 필요했다. 당시 휴식은 움직임을 동반하는 것이라는 점을 막 깨우쳤을 때였다. 그래서 등산을 최고의 휴식 중 하나라고 생각했고 가까운 치악산을 즐겨 찾았다. 유독 그날은 전날 밤에도, 다음 날 아침에 눈을 떴을 때도 알 수 없는 목소리가 나를 부르는 듯했다. 그 부름에 저항할 수 없어서 부랴부랴 치악산을 향했다. 주차장에 도착했을 때 차창 너머로 진눈깨비가 내렸다. 차가운 눈과 비가 이마에 닿을 때도 앞으로 내가 무엇과 마주할 것인지 전혀 알지 못했다. 묘한 설렘으로 출발했다. 들머리까지 이어진 급경사 아스팔트 길을 오르는데 진눈깨비가 점점 굵어졌다. 잘하면 첫눈을 볼 수 있겠구나 싶었다. 발걸음이 빨라지고 가슴이 콩닥거렸다. 서둘러 가지 않으면 첫눈이 사라질 것처럼 조바심이 차올랐다.

'어? 어? 와아.'

들머리 앞에 선 순간, 입이 딱 벌어졌다. 조금 전 회색빛 세상은 온데간데없고 온 세상이 하얗게 변해 있었다. 눈송이들이 부드러운 손길처럼 내 얼굴에 닿았다. 바람조차 눈송이에 오늘 하루를 양보한 듯 잠잠했다. '토도독토도독' 함박눈이 내려앉는 소리만 들렸다. 들머리에 들어서자마자 잔뜩 들뜬 마음에 손을 뻗어 눈을 모았고 작은 눈사람을 만들었다. 아이처럼 순수한 기쁨에 손 시린 것도 몰랐다.

» 찐프로가 만든 꼬마 눈사람

아무도 밟지 않은 새하얀 눈 위를 걸었다. 뽀드득뽀드득 소리가
내 귀를 즐겁게 했다. 가파른 길을 오르는데도 숨이 차지 않았다. 아
니 숨이 차오른 것을 잊었다. 상고대. 자연이 만든 상고대와 눈꽃은
아름답다는 말로는 부족했다. 나무에 수놓은 얼음꽃에 정신이 혼미
해질 정도였다. 상고대를 만지는 순간 바사삭 부서지는 촉감과 소리

217

는 평생 잊을 수 없게 각인되었다.

한 걸음 한 걸음 지나치는 순간, 매 순간이 아쉬웠다. 빠르게 정상에 오르고 싶지 않았지만, 쏟아지는 함박눈으로 변해 가는 세상을 정상에서 보고 싶어 발걸음을 재촉했다. 정상에 도착할 때까지 아무도 없었다.

» 치악산 정상 비로봉 바로 직전 계단 상고대

 맨발 걷기가 내게 알려준 것들

나의 격한 감격과 찬사로 버무려진 혼잣말이 치악산 비로봉 정상
에 가득했다.

아무도 밟지 않은 눈길 위에 내 첫 발자국을 남기며 올랐기에 세
상 누구도 와보지 못한 새로운 길을 내가 연 듯했다. 마치 히말라야
에베레스트를 정복이라도 한 것처럼 들떴다. 그때 정상에 서서 베테
랑(Veteran)의 길은 이런 것이 아닐까 생각했었다.

1. 왜 중요한지 알았고
2. 어떻게 하는지 알았고
3. 하면서 즐거운 마음이 드는 것.

문득 내가 일하면서 즐거웠나, 곰곰이 내 삶을 되돌아봤다. 나를
포함한 가족의 생계가 중요했기에 노력했고 직장에서는 인정받는
프로였다. 20년 동종업계에서 열심히 배우고 익히며 후배 양성에도
힘썼다. 하지만 그 모든 것은 내게 그 이상도 그 이하도 아니었다. 일
하며 즐거운 마음도, 보람도 없었다. 그렇다면 난 베테랑이 될 수 없
다. 베테랑이 되기 위해 즐겁고 보람을 느낄 수 있는 직업을 찾기로
마음먹었다. 하지만 익숙한 것, 20년 쌓아온 경력을 뒤로하고 새로
시작하겠다는 결심을 행동으로 옮기기는 쉽지 않았다. 흔들리는 마
음을 다시 추스르기 위해 1년 뒤 치악산을 다시 찾았고 맨발로 올랐

다. 그리고 나를 향해 말했다. '베테랑과 프로는 다르다.'

베테랑(Veteran)은 단순히 오래된 전문가가 아니라, 경험과 실력을 바탕으로 사람들에게 귀중한 가치를 제공하는 사람이다. 프로가 전문성과 실력을 강조한다면, 베테랑은 시간을 견디며 쌓아온 내공과 삶의 지혜를 더 강조한다. 오랜 시간 동안 누적된 실패와 성공의 경험을 통해 얻게 된 균형 잡힌 시각과 노련함이 돋보인다. 이는 단순히 기술적 능력을 넘어, 상황을 대하는 태도와 결정의 깊이에서 드러난다. 따라서 '베테랑'이라는 표현에는 신뢰와 존경이 깃들어 있다고 할 수 있다. 이런 이유로 '베테랑'은 인생의 한 챕터를 통달한 사람으로 인식되곤 한다. 3년 동안 흔들림 없이 전국의 산을 맨발로 올랐다. 베테랑이 되기 위해 끊임없이 도전하고 실패하고 또다시 극복했다. 그 길에서 가장 힘들었던 것은 흔들리는 나를 다독이며 걸어야 했던 점이었다. '맨발이 아무리 좋은 의도라 해도 세상 모든 사람이 나를 응원하고 인정해 주기를 바라면 안 된다. 다양성을 존중하는 태도로 진정 가고 싶은 길을 담대하게 걸어가는 베테랑이 되자.' 마음에 되새긴 날이었다.

맨발 걷기에서 나는 프로를 넘어 베테랑이 되고 싶다. 오늘도 나는 맨발로 산을 오르고 달린다.

» 치악산 비로봉 정상 모습이 비현실적이었다.

1. 맨발, 달리기가 즐거워진다 / 켄 밥 색스턴, 로이 M. 월렉

2. 달리기의 모든 것 / 남혁우

3. 본투런 / 크리스토퍼 맥두걸

4. 생이 보일 때까지 걷기 / 크리스티네 튀르머

5. 파타고니아 / 이본 쉬나드

6. 지도 끝의 모험 / 릭 리지웨이

7. 스트레스의 힘 / 켈리 맥고니걸

8. 닥터U의 여자의 물 / 유태우

9. 어싱(Earthing) / 클린턴 오버, 스티븐 시나트라, 마틴 주커

10. 달리기를 말할 때 내가 하고 싶은 이야기 / 무라카미 하루키

11. 당신의 삶에 명상이 필요할 때 / 앤디 퍼디컴

12. 내가 틀릴 수도 있습니다 / 비욘 나티코 린데블라드

13. 말하는 나무들 / 멜리사 코크

14. 기후 재앙을 피하는 법 / 빌 게이츠

15. 언제나 길은 있다 / 오프라 윈프리

16. 걷기만 해도 병이 낫는다 / KBS 생로병사의 비밀팀

17. 풋워크 242억 켤레의 욕망과 그 뒤에 숨겨진 것들 / 탠시 E. 호스킨스

18. 건강의 뇌과학 / 제임스 굿윈

19. 신발이 내 몸을 망친다 / 다니엘 호웰

20. 너무 놀라운 작은 뇌세포 이야기 / 도나 잭슨 나카자와

21. 착한 소비는 없다 / 최원형

22. 나를 부르는 숲 / 빌 브라이슨

23. 죽음의 수용소에서 / 빅터 프랭클

24. 고통의 비밀 / 몬티 라이먼

25. 스스로 치유하는 뇌 / 노먼 도이지

맨발 걷기가
내게 알려준 것들

초판인쇄 2026년 4월 17일
초판발행 2026년 4월 17일

지 은 이 찐프로
펴 낸 이 채종준
펴 낸 곳 한국학술정보(주)
주   소 경기도 파주시 회동길 230(문발동)
전   화 031-908-3181(대표)
팩   스 031-908-3189
투고문의 ksibook1@kstudy.com
등   록 제일산-115호(2000. 6. 19)

ISBN   979-11-7457-598-2 13690